O CUSTO DA EDUCAÇÃO PÚBLICA NO BRASIL

UMA VISÃO CONTEMPORÂNEA SOBRE INVESTIMENTO E QUALIDADE

DAIESSE QUÊNIA JAALA SANTOS BOMFIM

Prefácio
José Renato Nalini

O CUSTO DA EDUCAÇÃO PÚBLICA NO BRASIL
UMA VISÃO CONTEMPORÂNEA SOBRE INVESTIMENTO E QUALIDADE

1ª reimpressão

Belo Horizonte

2023

© 2022 Editora Fórum Ltda.
2023 1ª Reimpressão

É proibida a reprodução total ou parcial desta obra, por qualquer meio eletrônico, inclusive por processos xerográficos, sem autorização expressa do Editor.

Conselho Editorial

Adilson Abreu Dallari
Alécia Paolucci Nogueira Bicalho
Alexandre Coutinho Pagliarini
André Ramos Tavares
Carlos Ayres Britto
Carlos Mário da Silva Velloso
Cármen Lúcia Antunes Rocha
Cesar Augusto Guimarães Pereira
Clovis Beznos
Cristiana Fortini
Dinorá Adelaide Musetti Grotti
Diogo de Figueiredo Moreira Neto (*in memoriam*)
Egon Bockmann Moreira
Emerson Gabardo
Fabrício Motta
Fernando Rossi
Flávio Henrique Unes Pereira
Floriano de Azevedo Marques Neto
Gustavo Justino de Oliveira
Inês Virgínia Prado Soares
Jorge Ulisses Jacoby Fernandes
Juarez Freitas
Luciano Ferraz
Lúcio Delfino
Marcia Carla Pereira Ribeiro
Márcio Cammarosano
Marcos Ehrhardt Jr.
Maria Sylvia Zanella Di Pietro
Ney José de Freitas
Oswaldo Othon de Pontes Saraiva Filho
Paulo Modesto
Romeu Felipe Bacellar Filho
Sérgio Guerra
Walber de Moura Agra

CONHECIMENTO JURÍDICO

Luís Cláudio Rodrigues Ferreira
Presidente e Editor

Coordenação editorial: Leonardo Eustáquio Siqueira Araújo
Aline Sobreira de Oliveira

Rua Paulo Ribeiro Bastos, 211 – Jardim Atlântico – CEP 31710-430
Belo Horizonte – Minas Gerais – Tel.: (31) 99412.0131
www.editoraforum.com.br – editoraforum@editoraforum.com.br

Técnica. Empenho. Zelo. Esses foram alguns dos cuidados aplicados na edição desta obra. No entanto, podem ocorrer erros de impressão, digitação ou mesmo restar alguma dúvida conceitual. Caso se constate algo assim, solicitamos a gentileza de nos comunicar através do *e-mail* editorial@editoraforum.com.br para que possamos esclarecer, no que couber. A sua contribuição é muito importante para mantermos a excelência editorial. A Editora Fórum agradece a sua contribuição.

Dados Internacionais de Catalogação na Publicação (CIP) de acordo com ISBD

B695c   Bomfim, Daiesse Quênia Jaala Santos

           O custo da educação pública no Brasil: uma visão contemporânea sobre investimento e qualidade / Daiesse Quênia Jaala Santos Bomfim. 1. Reimpressão. - Belo Horizonte : Fórum, 2022.

           127 p. ; 14,5cm x 21,5cm.

           ISBN: 978-65-5518-430-3

           1. Direito. 2. Direito Financeiro. 3. Direito Administrativo. 4. Direito Constitucional. 5. Pedagogia. I. Título.

2022-1800   CDD 343.8103
                                                                           CDU 351.72

Elaborado por Vagner Rodolfo da Silva - CRB-8/9410

Informação bibliográfica deste livro, conforme a NBR 6023:2018 da Associação Brasileira de Normas Técnicas (ABNT):

BOMFIM, Daiesse Quênia Jaala Santos. *O custo da educação pública no Brasil*: uma visão contemporânea sobre investimento e qualidade. 1. Reimpr. Belo Horizonte: Fórum, 2022. 127 p. ISBN 978-65-5518-430-3.

Dedico este trabalho aos meus pais, por desempenharem com maestria as funções de educadores na rede pública de ensino.

AGRADECIMENTOS

Aos meus pais, Juçara Rosa e Luís Carlos, pelo apoio incondicional, por estarem junto comigo no desenvolvimento da minha carreira. Com eles aprendi que o estudo é o único caminho para atingirmos nossos objetivos, e, com essa lição, busco então contribuir para o aperfeiçoamento da educação pública.

À minha querida irmã, Jackeline Marley, pelo apoio e firme torcida ao longo de todo o caminho profissional e acadêmico. Aqui sigo igualmente na torcida para que almeje todos os seus sonhos.

Ao Professor José Renato Nalini, cuja contribuição no campo educacional é inspiradora. Obrigada pelo suporte na condução deste trabalho, pela paciência e acolhimento ao longo desta jornada.

Aos colegas e amigos que de algum modo contribuíram para a construção desta obra.

E um agradecimento especial a todos os profissionais da educação pública brasileira pelo esforço incansável para que nossas queridas crianças tenham um futuro melhor.

A educação é a arma mais poderosa que você pode usar para mudar o mundo.

(Nelson Mandela)

SUMÁRIO

PREFÁCIO
José Renato Nalini 13

INTRODUÇÃO 17

CAPÍTULO 1
FINANCIAMENTO EDUCACIONAL NO BRASIL: CONTEXTO HISTÓRICO 21
1.1   O contexto educacional no Brasil Colônia 21
1.2   A vinculação de recursos públicos para financiamento da educação no período republicano 24
1.3   O financiamento da política de educação e a Constituição Cidadã 28

CAPÍTULO 2
A POLÍTICA DE FUNDOS: UM OLHAR SOBRE O FUNDEF E O FUNDEB 37
2.1   A vinculação de recursos para educação e os fundos de natureza contábil 37
2.2   O Fundef: mecanismo de financiamento do ensino fundamental 47
2.3   O Fundeb: mecanismo de financiamento da educação básica 53

CAPÍTULO 3
INVESTIMENTO PÚBLICO ENQUANTO VETOR DA QUALIDADE DO ENSINO 65
3.1   O investimento público em educação e a medida da suficiência de recursos 65
3.2   O debate sobre a qualidade do ensino e a legislação pátria 72

3.3	Os desafios do PNE 2014-2024 e a materialização do binômio investimento/qualidade 80	

CAPÍTULO 4
CUSTO ALUNO-QUALIDADE E A INVERSÃO DA LÓGICA DE INVESTIMENTO DA EDUCAÇÃO BÁSICA NO BRASIL 87

4.1	O custo aluno-qualidade: conceito 87
4.2	Os parâmetros para implementação do custo aluno-qualidade...90
4.3	A inversão da lógica de investimento da educação pública brasileira e as perspectivas para o avanço da qualidade do ensino...106

CONCLUSÃO 117

REFERÊNCIAS 121

PREFÁCIO

Um dos raríssimos consensos numa terra polarizada e de irados antagonismos como os vivenciados nesta era é o de que todos os problemas brasileiros podem ser sintetizados na ausência de uma educação de qualidade.

A educação é a chave que, bem utilizada, solucionará as graves questões de desigualdade social, devastação ecológica, falta de emprego e de qualificação para o desempenho de atividades capazes de sustentar o indivíduo e sua família, carência de saneamento básico e de perspectivas de existência digna para uma legião de brasileiros.

Sabe-se disso, escrevem-se teses, dissertações e ensaios, cobram-se dos governos vultosas assessorias, mas o resultado é sempre o mesmo. Analfabetismo funcional, incapacidade de proceder às mais singelas operações aritméticas e um descaso para com as ciências, tão urgentes para a imprescindível recuperação do nível de pesquisa que fará o país se desenvolver.

A talentosa Mestra Daiesse Quênia Jaala Santos Bomfim enfrentou o desafio de escrever sobre tais questões, com a expertise que acumula no desempenho de funções diferenciadas no Tribunal de Contas do Município de São Paulo e obteve o grau de Mestre em Direito.

Fui privilegiado com a orientação deste trabalho, que não encontrou esmorecimento, senão garra e entusiasmo, tamanha a vontade que animou a autora a pesquisar e a oferecer uma consistente contribuição para o trato do tema.

O gasto do governo brasileiro com educação é significativo. A Constituição da República prevê, no art. 212, investimento de 25% dos impostos por parte de estados-membros e municípios e de 18%, no mínimo, para a União, destinados à educação. O estado de São Paulo vai além e sua Constituição estadual eleva esse percentual para 30% dos tributos arrecadados. No entanto, remanesce o debate sobre se a quantia seria suficiente para ministrar à infância e juventude uma educação primorosa.

Máquinas burocratizadas, emperradas, anacrônicas, preservam modelo superado, numa era em que a Quarta Revolução Industrial propicia aos *millenials* acesso a informações atualizadas e sedutoras, mediante apenas um clique nos milhões de *mobiles* em uso. Difícil competir com aulas prelecionais que não conseguem atrair o alunado nem obter sua concentração por mais do que alguns poucos minutos. A derrocada é manifesta.

Educação é algo muito sério para ser deixado apenas como obrigação do Estado, hoje abduzido pela política profissional, cujo exclusivo interesse é manter-se no poder e programar as próximas eleições ou nutrir a matriz da pestilência chamada reeleição.

Nesse ponto, o constituinte ofereceu o modelo que não está sendo observado, apesar dos trinta e quatro anos de vigência da "Cidadã". A educação é direito de todos – em qualquer idade – e dever do Estado e da família, em colaboração com a sociedade. Seus objetivos: desenvolver as potencialidades individuais até a plenitude possível, qualificar para o trabalho e capacitar para o sadio exercício da cidadania – art. 205 da Constituição da República.

Daiesse examinou, com percuciência, a fórmula de financiamento da educação e invocou o *custo aluno-qualidade*, cuja metodologia considera válida alternativa ao estado de coisas atual. Situação que, levada a extremos, configuraria a figura do "estado de coisas inconstitucional", tamanha a deficiência dos resultados do processo educacional levado a efeito pelo governo nas últimas décadas, em cotejo com a sua finalidade, explicitada no pacto federativo.

Sua origem familiar – filha de professores – fê-la produzir pesquisa e obra com profundo e afetivo interesse pela matéria. Por isso a esperança de que sua obra possa sensibilizar os responsáveis pela educação estatal em todos os níveis desta imensa nação, a fim de que os milhões de brasileiros possam dispor de um sistema aprimorado e verdadeiramente ajustado às urgências contemporâneas.

Não se nega que o caminho até a educação de qualidade se afigure como árduo, semeado de obstáculos, com as mazelas que a política partidária semeia e produz, talvez por antever o que significará uma população instruída, crítica e cônscia de seus direitos e de suas responsabilidades. Mas são contribuições como a de Daiesse que permitem até nos mais céticos reacender o alento de que um dia o Brasil possa oferecer a todos uma escola compatível com as necessidades dos educandos.

Daiesse fez a sua parte! Agora é com os que têm condições de concretizar suas propostas.

José Renato Nalini
Docente do Programa de Pós-Graduação da Uninove. Foi Secretário da Educação do Estado de São Paulo entre 2016 e 2018 e orientador de Daiesse Quenia Jaala Santos Bomfim no Mestrado.

INTRODUÇÃO

A educação é um direito fundamental normatizado na Carta Magna de 1988. Indicada como um direito de todos, visa ao pleno desenvolvimento da pessoa, o exercício da cidadania e a qualificação do trabalho. A oferta de uma educação de qualidade garante, igualmente, o desenvolvimento da sociedade, não apenas em termos sociais, mas também culturais, políticos e econômicos.

Na Constituição Federal, encontra-se assegurado o direito a uma educação com base em princípios de igualdade de condições de acesso e permanência na escola, liberdade de aprender, ensinar, pesquisar e divulgar pensamentos e o pluralismo de ideias e de concepções pedagógicas. Seguindo nesta linha, o sistema educacional brasileiro é regulamentado pela Lei de Diretrizes e Bases da Educação Nacional (Lei nº 9.394/1996), que apresenta diversos dispositivos de valorização da diversidade, da igualdade de condições e de qualidade como objetivos básicos da educação para a dignidade humana e a democracia.

Com efeito, o adequado financiamento da educação é um elemento fundamental para a organização e o funcionamento das políticas educacionais e, consequentemente, para materialização do Sistema Nacional de Educação. Não por outro motivo, é mandatório reconhecer o tamanho desafio de gerenciar, estruturar e fiscalizar as políticas prioritárias e a dinâmica do financiamento da União, estados, Distrito Federal e municípios, em regime de colaboração, consoante premissa constitucional.

Outrossim, a responsabilidade estatal, constitucionalmente formalizada, assevera que a União deverá garantir um padrão mínimo de qualidade do ensino. Associando os componentes de investimento e qualidade, é possível afirmar que o dever do Estado não se restringe ao recurso financeiro considerado isoladamente, mas perpassa a primazia da qualidade da educação pública e a igualdade de condições de acesso e permanência no ambiente escolar.

Nesse sentido, o objetivo desta obra é delinear o processo de congruência entre o investimento público e a busca pela qualidade da educação no Brasil. Fruto de minudente trabalho no bojo da elaboração de dissertação de mestrado, perpassando um processo de adaptação e atualização, apresento neste livro o conceito do *custo aluno-qualidade* (CAQ) como parâmetro para alcançar o padrão mínimo de qualidade na educação, de modo a garantir os insumos indispensáveis para viabilizar o adequado processo de ensino-aprendizagem.

A presente pesquisa começa explorando a trajetória do financiamento público da educação no país (Capítulo 1), desde o período colonial até os dias atuais, por meio de uma contextualização histórica, para compreender os avanços e retrocessos que permeiam a gestão da política educacional. Após a promulgação da Constituição Cidadã de 1988, a principal forma de vinculação dos investimentos na educação, pelo método redistributivo de recursos, são os fundos contábeis (Fundef, vigente até 2006, e o Fundeb, vigente até os dias atuais).

Na sequência, apresentam-se, no Capítulo 2 desta obra, as principais características de cada um dos fundos contábeis e as recentes alterações no arranjo normativo constitucional referente ao financiamento do ensino público, consubstanciados na Emenda Constitucional nº 108/2020, que teve como grande mérito perenizar a vinculação de recursos para viabilizar o direito à educação, retirando a normatização sobre os fundos do Ato de Disposições Transitórias e colocando-a no corpo do texto constitucional.

Em complementação, no Capítulo 3, debate-se acerca da necessidade de aumento do investimento público na educação, associando-o às discussões sobre o conceito de qualidade educacional para, ao fim, explicitar os principais desafios inseridos no Plano Nacional de Educação 2014-2024, ante o binômio investimento/qualidade, com o objetivo de analisar as diretrizes fundamentais da atual política educacional.

Finalmente, no Capítulo 4, traz-se a concepção de inversão da lógica do financiamento educacional, até então vinculado a um valor mínimo resultante do quociente da redistribuição de recursos pelo número de matrículas, e partindo para o referencial custo aluno-qualidade, que estabelece parâmetros para calcular o valor mínimo necessário para promoção da qualidade do ensino. Apresentam-se, ademais, as principais dificuldades para a definição de metodologia adequada para o seu cálculo e para implementação dessa metodologia por todos os entes federativos, além da efetivação desses padrões de qualidade pelas unidades de ensino.

CAPÍTULO 1

FINANCIAMENTO EDUCACIONAL NO BRASIL: CONTEXTO HISTÓRICO

1.1 O contexto educacional no Brasil Colônia

As atividades educacionais no Brasil, ao longo do período colonial, encontravam-se sob a responsabilidade dos jesuítas, cujo financiamento decorria de bens próprios, entre eles, terras e rebanhos, além da exploração do trabalho escravo e da mão de obra indígena (PINTO, 2000 p. 46). Do século XVI ao século XVIII, a empreitada jesuítica estava encarregada de cristianizar os indígenas e os africanos escravizados, e difundir entre eles os padrões da civilização ocidental cristã.

Não obstante os jesuítas terem desempenhado papel preponderante na organização e promoção da educação no período colonial, destaca-se também a presença dos franciscanos na dedicação ao ensino no Brasil. Com propósitos semelhantes em relação à catequização dos indígenas, os franciscanos dedicavam-se principalmente ao ensino de trabalhos manuais. Observa-se, portanto, que todas as atividades educacionais foram entregues aos religiosos e o ensino público oficial aparece apenas no final do século XVIII, em função das necessidades de defesa da Colônia.

Segundo Paiva (2003, p. 68), as condições sociais, econômicas e políticas da Colônia não favoreciam o desenvolvimento de um sistema de educação popular nem propiciavam grande interesse pelo problema educacional. Consolidada a colonização portuguesa, tratava-se então de educar uma parte da elite a fim de assegurar a continuidade daquilo que já fora conquistado. O sistema educativo não mantinha nenhuma relação com a formação de quadros técnicos profissionais para as atividades econômicas, uma vez que a mão de obra necessária à indústria extrativista, ao cultivo de cana-de-açúcar e à criação de gado não parecia exigir qualquer preparo profissional específico e sequer o domínio das técnicas de leitura e escrita.

Além da religião, minguavam as circunstâncias favoráveis ao desenvolvimento do ensino. Com o início da circulação das ideias iluministas no continente europeu, posteriormente alcançando o Estado português, novos motivos surgiam para impedir o progresso educacional da Colônia. A influência das ideias liberais europeias causava temor, posto que, em outros países americanos, começavam a incitar revoltas e desejos de emancipação, e o sistema e ambientes escolares poderiam promover terreno fértil para veiculação dessas ideias (PAIVA, 2003, p. 67).

Nesse período histórico, precisamente em 1759, os jesuítas foram expulsos do país e a educação passou a ser promovida pela Coroa portuguesa, que até então tinha assumido uma postura de total desresponsabilização pela oferta educacional. O ensino público era promovido por professores nomeados pelo rei de forma vitalícia. No entanto, a baixa remuneração dos professores e a ausência de qualificação necessária conduziram à precarização do ensino público (PINTO, 2000, p. 26).

Também neste contexto, Prado Júnior (2006, p. 41), ao tratar da questão do atraso econômico do país, registra:

> [...] quanto às deficiências técnicas, é preciso lançar a culpa principal sobre a administração pública que manteve a Colônia num isolamento cultural completo; e não tendo organizado aqui nenhum sistema eficiente de educação, por mais rudimentar que fosse, tornou inacessível aos colonos qualquer conhecimento sobre suas atividades, dificultando o desenvolvimento das atividades econômicas coloniais em todos os ramos.

Assim, é possível inferir que, no início do século XIX, o Brasil ainda apresentava um sistema educacional quase inexistente.

Todavia, a vinda da Família Real portuguesa para o Brasil, em 1808, muda o panorama educacional brasileiro. Tornou-se imprescindível a organização de um sistema de ensino para atender à demanda educacional da aristocracia portuguesa e preparar pessoas para assumir as novas ocupações técnico-burocráticas. Desse modo, foram criados cursos de nível superior, com caráter essencialmente utilitário, como medicina, agricultura, economia política, química, além das academias militares. Entretanto, em relação à educação elementar, não foram constatados tantos progressos e as elites a recebiam em suas casas, como ensino privado (PAIVA, 2003, p. 70).

Com a Independência, viriam à tona novas preocupações com a educação. Parecia vital dar maior atenção à questão da instrução elementar com o objetivo de alargar a participação dos brasileiros nas atividades que emergiam. Nesse diapasão, a Constituição outorgada de 1824 assentou a "garantia de instrução primária gratuita para todos os cidadãos" e, em 1834, o Ato Adicional à Constituição do Império conferiu às províncias o direito de elaborar leis, além de conceder autonomia para cobrar impostos e aplicá-los no ensino público.

Paiva (2003, p. 86-87), ao discorrer sobre a matéria educativa nos últimos anos do Império, confere importante destaque ao parecer-projeto de 1882, elaborado pelo jurista Rui Barbosa:

> O famoso parecer-projeto é o primeiro diagnóstico exaustivo da realidade educacional brasileira relativa ao ensino elementar. Apresentado pelo jurista Rui Barbosa à Assembleia Geral, em nome da Comissão de Instrução encarregada de estudar a reforma Leôncio de Carvalho, ele não era apenas um parecer, mas também um novo projeto de reforma: de seus debates deveria emergir a reforma que o século reclamava para os problemas do ensino popular, a fim de que pudéssemos alcançar os "países cultos". A argumentação de seu relator toma por base a aceitação da tese de que existe uma ligação fundamental entre a educação e a riqueza de um país, propondo um programa nacional de defesa contra a ignorância popular, vista como a mãe da servilidade e da miséria. Partindo de um extenso diagnóstico, no qual expõe a situação do ensino através de estatísticas e aborda os problemas da obrigatoriedade escolar, da liberdade de ensino, da organização pedagógica, da formação de professores, das construções escolares, das despesas com ensino público, ele formula suas proposições. [...] Além disso, propunha a criação de um Conselho Superior de Instrução Nacional e a criação de um Fundo Escolar, a ser aplicado no desenvolvimento da instrução. [...] as ideias por ele defendidas – muitas das quais já estavam bastante difundidas entre os políticos interessados no problema educacional – estarão presentes em quase todo desenrolar da história da educação popular no Brasil; o apelo em favor da interferência do governo central para a difusão do ensino elementar, de uma política nacional de educação, da criação de um fundo para financiamento das atividades educativas.

O pensamento do jurista baiano conduzia à minimização dos efeitos da descentralização promovida pelo Ato Adicional à Constituição do Império, de 1834, uma vez premente a necessidade da criação de um organismo nacional que orientasse a evolução dos sistemas de ensino das províncias e centralizasse as informações concernentes às atividades educacionais em todo o país. Depreende-se, da conjuntura que antecedia a República, que a educação popular suscitava discussões relevantes à medida em que os problemas internos conduziam o país para uma mudança de regime.

Infelizmente, as ideias elencadas por Rui Barbosa não prosperaram naquele período, mesmo após a Proclamação da República, ilustrando a imprecisão acerca do direcionamento de recursos para a educação de modo estruturado. A esse respeito, Vieira e Vidal (2015, p. 21) elucidam:

> A análise dos principais documentos de reforma do período – Reforma Benjamin Constant (1890-1891), Reforma Epitácio Pessoa (1901), Reforma Rivadávia Corrêa (1911), Reforma Carlos Maximiliano (1915) e Reforma João Luiz Alves (1925) – mostra, porém, que também neles a matéria financeira é tema marginal ou inexistente. É apenas nos anos 30 do século 20 que, em sintonia com o contexto sociopolítico nacional, se observam mudanças nesse panorama, anunciadas antes mesmo da proposição da segunda constituição republicana.

Notadamente, o financiamento público educacional no Brasil, ao longo do período colonial, é marcado pela indefinição e insuficiência de recursos, o que impactou de forma estrutural a qualidade do ensino público promovido no país, conforme será delineado mais adiante.

1.2 A vinculação de recursos públicos para financiamento da educação no período republicano

A primeira Constituição Republicana (1891) não previu dispositivos acerca da vinculação de recursos para o financiamento da educação pública. Lamentavelmente, a República surgente, governada pela elite latifundiária e por militares, não se preocupou com as questões educacionais, a ponto de a Constituição de 1891 ser praticamente omissa em relação ao direito à educação, atentando-se tão somente para o caráter laico do ensino (PINTO, 2015, p. 102).

Apenas no início do século XX, os debates e discussões em torno da formulação das políticas educacionais ganham contornos mais concretos. Destaca-se o *Manifesto dos Pioneiros da Educação Nova*, redigido em 1932 por Fernando de Azevedo e assinado por diversos intelectuais da época, com especial relevância para Anísio Teixeira, um dos maiores articuladores e pensadores da educação brasileira no século passado.

Consoante assevera Lima (2006, p. 22), o manifesto, com bandeiras liberais, pautado pela defesa da escola pública, obrigatória, laica e gratuita, tornou-se referência para as ideias mais fecundas relativas à educação do Brasil contemporâneo.

Com efeito, o documento tornou-se ponto inicial do projeto de renovação educacional do país. Além de constatar a desorganização do sistema escolar, propunha que o governo montasse um plano geral e amplo de educação. Vale dizer que o movimento progressista e reformador sofreu muitas críticas advindas da Igreja católica que, naquele cenário, era grande concorrente do Estado na expectativa de educar a população, e tinha sob seu controle a propriedade de parcela significativa das escolas da rede privada (BONEMY, 2002).

Nesse sentido, é pertinente colacionar as ideias dos signatários do *Manifesto*:

> Em nosso regime político, o Estado não poderá, decerto, impedir que, graças à organização de escolas privadas de tipos diferentes, as classes mais privilegiadas assegurem a seus filhos uma educação de classe determinada; mas está no dever indeclinável de não admitir, dentro do sistema escolar do Estado, quaisquer classes ou escolas, a que só tenha acesso uma minoria, por um privilégio exclusivamente econômico. Afastada a ideia de monopólio da educação pelo Estado, num país em que o Estado, pela sua situação financeira, não está ainda em condições de assumir a sua responsabilidade exclusiva, e em que, portanto, se torna necessário estimular, sob sua vigilância, as instituições privadas idôneas, a escola única se entenderá entre nós, não como uma conscrição precoce arrolando, da escola infantil à universidade, todos os brasileiros e submetendo-os durante o maior tempo possível a uma formação idêntica, para ramificações posteriores em vista de destinos diversos, mas antes como a escola oficial, única, em que todas as crianças, de 7 a 15 anos, todas ao menos que, nessa idade, sejam confiadas pelos pais à escola pública, tenham uma educação comum, igual para todos. (XAVIER; CRIBARI, 2010, p. 44)

Em consonância com o projeto de educação nova, os signatários propunham um programa de política educacional integrador e abrangente, embasado em princípios que alteravam profundamente a organização e a estrutura dos elementos constitutivos do ensino e dos sistemas escolares.

Importante ainda ressaltar que, no âmbito do financiamento da educação, o *Manifesto* entoa que a autonomia econômica do ensino público não se realizaria "a não ser pela instituição de um fundo especial ou escolar que constituído de patrimônios, impostos e rendas próprias, fosse administrado e aplicado exclusivamente no desenvolvimento da obra educacional, pelos órgãos de ensino, incumbidos de sua direção" (XAVIER; CRIBARI, 2010, p. 47).

Além disso, a ambientação histórica promovida pela vitoriosa Revolução de 30 impulsionou o governo revolucionário também no campo da educação, com a criação do Ministério da Educação e Saúde, em 14.11.1930 e a nomeação de Francisco Campos para ministro. Vinculado às ideias de modernização do ensino, Campos promoveu algumas mudanças no plano educacional que, embora importantes, ainda se mostravam fragmentárias.

Nesse contexto, a Carta Federal de 1934 estabeleceu, pela primeira vez dentro do arranjo constitucional, a vinculação de recursos públicos voltados para a educação. Nesta Constituição, a União e os municípios aplicariam 10%, e os estados aplicariam 20% da receita de impostos na manutenção e desenvolvimento do ensino. Porém, com a ditadura do Estado Novo, a vinculação de recursos inserta na Constituição anterior foi revogada pela Constituição de 1937.

Ressalte-se que, no ano de 1941, Teixeira de Freitas, então à frente da Secretaria de Estudos Estatísticos do Ministério da Educação e Saúde, estabeleceu a coleta racionalizada dos dados estatísticos da educação. Freitas, após a análise dos dados, que pareceram preocupantes, subsidia a 1ª Conferência Nacional de Educação de 1941, apontando a necessidade de se retornar à vinculação orçamentária para a educação (CURY, 2007, p. 840).

Diante deste cenário, foi criado, em 1942, o Fundo Nacional de Ensino Primário – por meio do Decreto-Lei nº 4.958, que autorizava a União a estabelecer convênios com os estados e o Distrito Federal por meio do repasse de recursos para a melhoria do ensino primário, na conformidade de suas necessidades. Esse decreto previa também que os auxílios federais estariam sujeitos a um convênio nacional do ensino primário.

Da leitura do referido diploma normativo, extrai-se que a União "prestaria assistência técnica e financeira no desenvolvimento do ensino primário nos estados, sob a condição de que estes aplicassem um mínimo de 15% da renda proveniente de seus impostos em ensino primário, chegando-se a 20% em 5 anos". Os estados deveriam realizar convênios semelhantes com os municípios, "mediante decreto-lei estadual, visando repasse de recursos, desde que houvesse uma aplicação mínima inicial de 10% da renda advinda de impostos municipais em favor da educação escolar primária, chegando-se a 15% em 5 anos". Contudo, somente no ano de 1944, a União criou a fonte que subsidiaria o referido convênio, por meio do imposto de consumo incidente sobre bebidas (CURY, 2007, p. 840).

Ainda neste contexto histórico, o retorno de influências democráticas permeou a Constituição de 1946, que estabelecia, em seu art. 169, que a "União aplicaria não menos que 10% e Estados, Distrito Federal e Municípios nunca menos que 25% da renda" resultante de impostos em manutenção e desenvolvimento de ensino.

Com o golpe militar de 64, mais uma vez a vinculação de impostos federais voltados para educação foi revogada pela Constituição de 1967, permanecendo, no entanto, nos estados e municípios. Na época, foi implantada a contribuição social do salário educação, relevante fonte de recursos destinada ao financiamento do ensino fundamental obrigatório. Vale registrar que, atualmente, essa contribuição permanece válida e é obrigatória para empresas que tenham, no mínimo, 100 empregados, devendo recolher o percentual de 2,5% de sua folha de contribuição à Previdência Social.

Na década de 70, ainda no bojo da ditadura militar, os movimentos sociais reivindicavam a redemocratização da sociedade e da educação, além da melhoria da qualidade do ensino ofertado, o que influenciou a aprovação da EC nº 24/1983, denominada Emenda Calmon, prevendo que "a União não poderia aplicar menos de 13% e os Estados e Municípios 25%" de sua receita de impostos na manutenção e desenvolvimento do ensino (PINTO, 2000, p. 56).

Esse movimento progressista, impulsionado também pela referida emenda, possibilitou alicerçar no texto da Carta Constitucional de 1988 a garantia do financiamento mínimo e o aumento do percentual de impostos federais destinados à política pública de educação.

1.3 O financiamento da política de educação e a Constituição Cidadã

A Constituição brasileira de 1988 estabelece, em seu art. 205, que a educação "é direito de todos e dever do Estado e da família" e que deverá ser promovida com a "colaboração da sociedade, visando ao pleno desenvolvimento integral da pessoa, seu preparo para o exercício da cidadania e sua qualificação para o trabalho".

Ratificando o dispositivo constitucional acima mencionado, Nalini (2019, p. 117) ensina que a educação não se trata de missão exclusiva da escola pública e do governo. Família e sociedade devem assumir esse múnus indeclinável e exigir do Estado que faça a sua parte, mas não seja o único responsável por esse projeto que, por sua relevância e essencialidade, depende da participação de todos.

Com efeito, o direito à educação é erigido como direito fundamental, vinculado à dignidade da pessoa humana e deve estar voltado ao desenvolvimento completo do indivíduo, em termos sociais, psicológicos, culturais, morais, de inserção no mercado de trabalho, exercício da cidadania e visando à evolução econômica e redução das desigualdades.

A conjugação do papel da escola e da família é ferramenta determinante para que o processo de ensino-aprendizagem se desenvolva de forma eficaz. É preciso reconhecimento recíproco sobre a função de ambos e, para isso, é necessária a construção de pontes com o espectro familiar, que carrega em si uma complexidade de relações de poder, autoridade e formação de valores para com os alunos.

A escola, então ciente dessas situações, avalia e diagnostica para conseguir identificar quem pode ser o ponto familiar para se tornar cúmplice e dialogar institucionalmente, de modo a estabelecer, de forma significativa, uma relação de continuidade dos ensinamentos propostos no âmbito escolar e que necessitam da resposta do aluno, grau de realização de tarefas, participação de atividades diversas e avanço na escala de aprendizagem.

Consoante lição de Nina Beatriz Stocco Ranieri (2000, p. 168), a educação:

> [...] constitui o ato ou efeito de educar-se; o processo de desenvolvimento da capacidade física, intelectual e moral do ser humano, visando a sua melhor integração individual e social. Significa também os conhecimentos ou as aptidões resultantes de tal processo, ou o cabedal científico e os métodos empregados na obtenção de tais resultados. E, ainda, instrução, ensino.
> Ensino, por sua vez, designa a transmissão de conhecimentos, informações ou esclarecimentos úteis ou indispensáveis à educação; os métodos empregados para se ministrar o ensino; o esforço orientado para a formação ou modificação da conduta humana.

Ainda neste diapasão, é válido adicionar a concepção da importância da formação para o mercado de trabalho trazida por Maria Cristina Brito Lima (2003, p. 90-92):

> [...] quantos não chegam a trabalhar porque não sabem ler, compreender as distinções e mesmo ter a capacidade de aprender a manejar o equipamento necessário à produção do trabalho? [...]. Em termos microeconômicos, a educação permite aos indivíduos adquirir conhecimentos gerais e assimilar informações de modo mais eficiente. Trabalhadores com maior escolaridade adaptam-se mais facilmente a novos processos de produção, tem melhor capacidade de comunicação, o que lhes permite cooperar com os colegas na solução de problemas de produção. São, por isso, capazes de executar tarefas mais complexas em manufaturas e serviços, aproveitando melhor a tecnologia e tornando-se mais produtivos. Por isso acabam adicionando valor ao produto econômico do país.

A Carta Magna destaca ainda que o ensino será ofertado com base, entre outros, nos princípios de igualdade de condições para o acesso e permanência na escola, gratuidade do ensino público em estabelecimentos oficiais, gestão democrática e garantia de padrão de qualidade. Desse modo, a leitura dos comandos constitucionais indica que a atuação estatal não se restringe à aplicação do recurso financeiro considerado isoladamente, mas perpassa a construção de caminhos que conduzam ao aprimoramento da qualidade da educação pública.

A Constituição Federal assevera também que as ações integradas dos poderes públicos dos diversos âmbitos federativos buscarão a "erradicação do analfabetismo; a universalização do atendimento escolar; a melhoria da qualidade do ensino; a formação para o trabalho, além da promoção humanística, científica e tecnológica do país". E, complementando os preceitos constitucionais, a Lei de Diretrizes e Bases da Educação Nacional (LDB), Lei nº 9.394, de 20.12.1996, ressalta que a educação "abrange os processos formativos que se desenvolvem na vida familiar, na convivência humana, no trabalho, nas instituições de ensino e pesquisa, nos movimentos sociais e organizações da sociedade civil e nas manifestações culturais".

Nesse contexto, o desenho constitucional, inserido no art. 211 da CF/1988, dispõe expressamente que os entes federativos organizarão, em regime de colaboração, seus sistemas de ensino, elencando as responsabilidades de cada um deles relativas à oferta da educação escolar. Com redação semelhante, a LDB detalha que, enquanto aos municípios compete "oferecer a educação infantil em creches e pré-escolas, e, com prioridade, o ensino fundamental" (art. 11, inc. V), aos estados cabe "assegurar o ensino fundamental e oferecer, com prioridade, o ensino médio" (art. 10, inc. VI). Por sua vez, a União tem a obrigação de "organizar, manter e desenvolver os órgãos e instituições oficiais do sistema federal de ensino" (art. 9º, inc. II), além de ser responsável pela assistência técnica e financeira e exercer função supletiva e redistributiva perante as demais esferas governamentais (art. 9º, inc. III).

Nada obstante a Constituição e a Lei de Diretrizes e Bases da Educação apontarem responsabilidades prioritárias de cada uma das entidades federativas, é cediço que o Sistema Nacional de Educação deve ser pautado pela cooperação de todos os entes, com vistas a alcançar os objetivos constitucionais no que diz respeito ao direito à educação. Nesse sentido, Jamil Cury (2009, p. 25) adverte que "sem um consórcio articulado e comprometido, sem um regime fiscal que atenda, de fato, ao pacto federativo, o alcance das políticas torna-se minimizado, pois o conjunto dessas opções implica uma nova cultura em ser federativo".

Com efeito, o Sistema Nacional de Educação pertence a todos os entes federados, que o constroem conjuntamente e participam, também em conjunto, de sua gestão. A repartição de responsabilidades entre as esferas federativas deve estar voltada para o mesmo fim – prover uma educação pública com o mesmo padrão de qualidade para toda população. Dentro desta lógica, é imprescindível o fortalecimento da ideia de distribuição horizontal de competências, na qual cada ente federativo incumbe-se, em relação ao sistema como um todo, de responsabilidades condizentes com sua capacidade tributária e experiência consolidada.

Nessa esteira, precisamente em seu art. 212, a CF de 1988 estabelece que a "União aplicará, anualmente, nunca menos de 18%, e os Estados, o Distrito Federal e os Municípios 25%, no mínimo, da receita líquida de impostos na Manutenção e Desenvolvimento do Ensino". Desse modo, a União aplicará em educação pelo menos 18% do quantitativo dos impostos por ela arrecadados, descontando-se as transferências efetivadas aos estados, ao Distrito Federal e aos municípios, e os estados devem aplicar, no mínimo, 25% do volume dos impostos por eles arrecadados, somando-se os recursos transferidos pela União e descontando-se os recursos transferidos pelos estados aos municípios. Por sua vez, os municípios devem aplicar pelo menos 25% do volume de impostos por eles arrecadados, adicionando-se os recursos repassados pela União e pelos estados.

Em complementação, o art. 60 do Ato das Disposições Constitucionais Transitórias (ADCT) determinava, originariamente, que, nos dez primeiros anos da Constituição Cidadã, o Poder Público deveria aplicar, pelo menos, 50% dos recursos a que se refere o art. 212 da Constituição, para eliminação do analfabetismo e universalização do ensino fundamental. Acerca disso, importa mencionar os ensinamentos de Élida Pinto (2017a, p. 49-50), para quem:

> O comando conjugado dos arts. 212 da CF/1988 e 60 do ADCT revelava-se, pois, uma objetiva garantia material, não apenas financeiro-orçamentária, de que a política pública de educação deveria se desenvolver de forma progressiva. A norma constitucional cuidou financeira e substantivamente do como seria assegurada a manutenção e desenvolvimento do ensino público.

Note-se que, diante do objetivo constitucional de universalizar o ensino fundamental, a Emenda Constitucional nº 14/1996 conferiu nova redação ao art. 60 da ADCT para determinar a instituição, no âmbito dos estados e do Distrito Federal, de um fundo público denominado Fundef – Fundo de Manutenção e Desenvolvimento do Ensino Fundamental e de Valorização do Magistério. O Fundef foi instituído pela Lei nº 9424/1996, posteriormente regulamentada pelo Decreto nº 2264/1997. Como se verá mais adiante nesta obra, o novo mecanismo da política de fundos possibilitou o estabelecimento de critérios financeiros mais rígidos para promoção da política educacional.

Além disso, cumpre ressaltar que a Emenda Constitucional nº 14/1996 trouxe inovação relevante, uma vez que criou a hipótese de intervenção federal caso os estados não cumpram o disposto no art. 212 da CF/1988. Nesse sentido, Moraes (2001, p. 663) leciona:

> [...] a aplicação dos recursos constitucionalmente previstos na área da educação, a partir da Emenda Constitucional de nº 14, de 12.09.1996, com entrada em vigor no primeiro ano subsequente, tornou-se *princípio sensível* da Constituição Federal (CF, art. 34, VII, "e"), cuja inobservância pelo Estado-membro ou Distrito Federal possibilitará a intervenção federal.

Conforme anota Carvalho (2008, p. 899), a intervenção é mecanismo de defesa da Federação, objetivando garantir o equilíbrio federativo contra situações que, pela sua gravidade, possam comprometer a integridade ou a unidade do Estado Federal. A Carta Magna consagra o princípio da não intervenção, ou seja, prevalece, no sistema federativo, a regra geral da autonomia dos estados-membros, sendo a intervenção federal, cláusula excepcional. Por se tratar de exceção, a intervenção federal só poderá ocorrer nas hipóteses taxativamente previstas no texto constitucional, não se admitindo ser ampliadas por lei infraconstitucional.

Adicione-se que a possibilidade de intervenção se estende aos estados em relação aos municípios, também de modo excepcional, uma vez configurada a não observância da aplicação do mínimo exigido da receita municipal. Sobre isso, relevante é a lição de Hely Lopes Meirelles (2003, p. 120), reproduzida a seguir:

> O desatendimento desses comandos constitucionais expõe o Município à intervenção estadual, a ser decretada pelo governador, em face da verificação da falta cometida pela Administração local. A imposição é plenamente justificada pela necessidade de alfabetização de toda a população brasileira e da melhoria das condições de saúde da população no mais breve período de tempo.

Meirelles (2003, p. 124) alerta, todavia, que "a intervenção é sempre um trauma na Administração local, e só deve ser utilizada como recurso final para correção de irregularidades, depois de exauridos os meios menos drásticos contra a conduta ilegítima das autoridades municipais". Nesse contexto, insta rememorar que a oferta irregular do ensino obrigatório pelo Poder Público, embora não seja hipótese que legitime a intervenção, implica, outrossim, a responsabilidade da autoridade competente, na forma do art. 208, §2º, da CF de 1988.

Quanto à aplicação dos recursos definidos no art. 212 da Carta Magna, impende ainda salientar que, sob o amparo da EC nº 14/1996, os entes federativos não deveriam mais aplicar o patamar de 50%, como originariamente determinava o art. 60 da ADCT. O novo piso mínimo de gasto subiu para 60% e a sua operacionalização seria promovida por meio do Fundef, fundo de natureza contábil, cujo foco principal repousava na universalização do ensino fundamental e surge como alternativa para melhorar o acesso e permanência dos alunos matriculados naquela etapa, uma vez que proporcionava a redistribuição dos recursos e a tentativa de minimização das desigualdades regionais do financiamento educacional. Neste ponto, Sousa Júnior (2005, p. 24) destaca:

> Ao definir em que os recursos destinados ao ensino devem ser aplicados, a legislação sofre um grande avanço, pois contribui para o melhor controle e a fiscalização de contas referentes às despesas com manutenção e desenvolvimento do ensino. A fiscalização e a publicização de dados referentes às receitas e às despesas com o ensino são condições imprescindíveis para facilitar o acompanhamento dos órgãos públicos, e consequentemente, da sociedade civil do pecúlio público destinado ao ensino.

Outra disposição constitucional que impactou o orçamento da educação é a denominada desvinculação de recursos da união (DRU), criada pelo Governo federal em 1994 para dar mais liberdade à aplicação do dinheiro arrecadado. Naquele ano foi aprovada a Emenda Constitucional de Revisão nº 1, que autorizava a desvinculação de 20% de todos os impostos e contribuições federais para formar uma fonte de recursos livre de carimbos.

Denominado inicialmente "Fundo Social de Emergência", passou a se chamar "Fundo de Estabilização Fiscal", nome que vigorou até o fim de 1999. A partir do ano 2000, foi reformulado e passou a se chamar DRU. Este mecanismo conferia maior flexibilidade à alocação dos recursos públicos – sem que representasse aumento das receitas disponíveis para o Governo federal –, não afetando as transferências constitucionais para estados e municípios, uma vez que a desvinculação era feita após os cálculos das transferências (VIEIRA; VIDAL, 2015, p. 28).

É oportuno registrar que a EC nº 59/2009 acrescentou o §3º ao art. 76 do ADCT para reduzir, anualmente, a partir do exercício de 2009, o percentual da DRU incidente sobre os recursos destinados à manutenção e desenvolvimento do ensino. O percentual, que era de 20% até 2008, passaria a ser de 12,5% no exercício de 2009, 5% no exercício de 2010 e nulo no exercício de 2011.

A partir de então, a política de fundos deixa de conviver com as limitações impostas pela DRU e passa a ter direito aos percentuais estabelecidos constitucionalmente, o que representa, conforme lição de Vieira e Vidal (2015, p. 29), grande vitória para a política educacional e significativo aporte de recursos financeiros, antes apropriados pelo Governo federal para outras finalidades.

Seguindo a mesma linha de raciocínio, Pinto (2017a, p. 68) defende que o mais paradigmático avanço financeiro promovido pela EC nº 59/2009 foi ter conseguido afastar a incidência do regime de desvinculação de receitas da união (DRU) sobre os recursos mínimos a serem aplicados na política pública de educação. Ressalta a procuradora que a DRU visa, em larga medida, operar como antídoto fiscal para mitigar o avanço das receitas tributárias com destinação específica e para conferir flexibilidade em face da rigidez orçamentária intrínseca às despesas obrigatórias.

Apresentadas tais considerações, resta evidente o movimento de redução do governo federal, sob a perspectiva daquele momento, do subsídio para o desenvolvimento da política educacional no país. A queda relativa da participação da União no orçamento educacional, por meio da DRU, diminuía, por conseguinte, o percentual mínimo aplicado a um patamar que ultrajava o preceito constitucional. De outra monta, a DRU foi prorrogada até 2023 e, embora tenha afastado a sua incidência em relação à aplicação do mínimo constitucional para o ensino público, não se está livre da sua utilização indevida, defendendo-se aqui a possibilidade de controle jurisdicional para efetivar a liberação de recursos.

Resgate-se que, ainda sob a égide da permissão de desvinculação de até 20% dos recursos destinados à manutenção e desenvolvimento do ensino, e com vistas a mitigar as instabilidades no financiamento da política pública de educação, surge a Emenda Constitucional nº 53, em 19.12.2006, expandindo a proteção constitucional do art. 60 da ADCT por meio da criação do Fundeb – Fundo de Manutenção e Desenvolvimento da Educação Básica e da Valorização dos Profissionais da Educação, cuja previsão passava a englobar todas as modalidades da educação básica – ensinos infantil, fundamental e médio, educação de jovens e adultos e educação especial.

Trata-se de fundo de natureza contábil e estadual, reunindo 27 fundos, aí contemplado o Distrito Federal, composto, na quase totalidade, por recursos advindos dos impostos e transferências dos estados, Distrito Federal e municípios, vinculados à educação por força normativa constitucional. A regulamentação do Fundeb foi promovida pela Medida Provisória nº 339/2006, convertida em lei no ano seguinte (Lei nº 11. 964/2007).

Sob o manto da Proposta de Emenda à Constituição nº 15/2015, almejava-se a inserção do Fundeb no texto constitucional, retirando-o das disposições transitórias, tendo em vista a relevância do fundo para o desenvolvimento da educação brasileira e de modo a assegurar a sua perenidade. No final de agosto de 2020, o novo Fundeb foi aprovado, com a promulgação da Emenda Constitucional nº 108/2020 (PEC nº 15/2015 na Câmara e PEC nº 26/2020, no Senado).

O desafio que se delineia para o futuro gira em torno da estabilização do regime jurídico do Fundeb e do cumprimento das novas disposições acerca da progressividade fiscal e operacional da sistemática de financiamento do ensino público, além do foco na redução das desigualdades regionais e com novos incentivos à evolução e aprimoramento dos indicadores de qualidade educacional.

A análise da trajetória do financiamento da educação no país revela um processo de avanços e retrocessos que retrata a incessante busca da sociedade pela materialização do direito à educação. Insta destacar, ademais, que a defesa da vinculação de impostos permeou grande parte do debate educacional no século XX, e o século XXI já tem sido palco das discussões sobre a relação entre o volume de recursos investidos e o desenvolvimento da qualidade do ensino brasileiro.

    Feita essa contextualização acerca do arranjo histórico-normativo do financiamento da educação pública no Brasil, passar-se-á para a análise do mecanismo da política de fundos, conferindo especial atenção à composição e estruturação do Fundef e do Fundeb.

CAPÍTULO 2

A POLÍTICA DE FUNDOS: UM OLHAR SOBRE O FUNDEF E O FUNDEB

2.1 A vinculação de recursos para educação e os fundos de natureza contábil

Após a Constituição Federal de 1988, a política de financiamento da educação no Brasil tem como critério primordial a vinculação de recursos, sistematicamente distribuídos por meio de fundos públicos. Embora não se possa olvidar que em momentos anteriores existiram fundos que sustentavam a política educacional, é a partir de 1996 que essa sistemática se consolida, culminando com a criação do Fundef e posteriormente do Fundeb, vigente até os dias atuais.

Vale lembrar que, de acordo com a previsão constitucional inserta no art. 167, IV, da CF/88, é vedada "a vinculação de receita de impostos a órgão, fundo ou despesa", o que consubstancia o princípio da não vinculação. No entanto, para a educação, cabe exatamente o contrário. Trata-se de exceção expressa ao aludido dispositivo constitucional.

Nesse contexto, e para melhor compreensão sobre a política de fundos, importa considerar o conceito de "fundos públicos" para alguns pesquisadores do tema. Segundo Gemaque (2004, p. 32), "os fundos são vistos como um mecanismo potencialmente capaz de suprir as deficiências de determinado setor, podendo ser constituídos de diferentes procedências e destinados a um fim específico". José Maurício Conti (2001, p. 75-76), acompanhando a mesma linha de conceituação, ensina que os fundos se constituem em um "conjunto de recursos utilizados como instrumento de distribuição de riqueza, cujas fontes de receita lhe são destinadas para uma finalidade determinada ou para serem redistribuídas segundo critérios pré-estabelecidos".

Nessa mesma esteira, Botelho (2001, p. 74) entende que os fundos públicos são:

> [...] em verdade, uma rubrica, uma conta, uma referência contábil, gráfica, da separação feita, por determinação de lei, de recursos públicos cujo destino deva ser a remuneração – comandada pela lei que o institua – de determinadas e especiais atividades ligadas ao interesse coletivo. Em resumo, o fundo público tem origem constitucional e assume caráter jurídico de conta especial do orçamento público anual, segundo previsão feita tanto no orçamento plurianual quanto na norma (igualmente ânua) de diretrizes orçamentárias.

Por sua vez, Davies (2006, p. 754-755) destaca que "a política de fundos se apresenta de forma polêmica, enquanto uns defendem, outros os criticam, não atentando para o fato de que a vinculação de impostos configura em si um fundo, mesmo de maneira informal, e não definido como tal". Ainda sobre isso, Martins (2009, p. 131) salienta que os críticos do financiamento educacional por meio de fundos contábeis alegam o impacto sobre o pacto federativo de modo a intervir sobre a autonomia dos entes subnacionais, uma vez que são estabelecidos critérios específicos de aplicação e redistribuição de recursos, que devem ser obedecidos pelas esferas federativas.

Segundo a lição de Farenzena (2001, p. 72-73), a política de financiamento da educação no Brasil, a partir dos anos 90, teve como diretrizes principais a descentralização, como sendo a transferência ou a ampliação de competências e responsabilidades de planejamento, gestão e controle dos recursos financeiros e o regime de colaboração no financiamento, por meio do compartilhamento de responsabilidades no aporte de recursos financeiros entre a União, os estados, Distrito Federal e municípios.

Sobre o tema, convém citar o entendimento de Martins (2009, p. 131), reproduzido a seguir:

> A expressão do federalismo cooperativo em matéria educacional é o regime de colaboração, indicado na Carta Magna (art. 211, CF). Assim, entendo que embora a questão federativa seja central na discussão do

Fundef e do Fundeb, a constituição dos fundos, se selada pela Constituição, após tramitação regular pelo Poder Legislativo, onde as *autonomias*, representadas pelo Senado, concorrem para formar a vontade do Estado Federal soberano, não caracteriza uma situação de tendência à abolição da Federação, mas de aplicação plena do princípio da solidariedade, essencial ao federalismo cooperativo. (Grifos no original)

Noutra senda, Arelaro e Gil (2006, p. 85), que apresentam caminho diverso à instituição de fundos públicos e suscitam a interferência na autonomia federativa, defendem que o ideal seria construir "propostas de políticas educacionais exequíveis, a partir de planos municipais e estaduais de Educação elaborados com a participação da população e dos profissionais da área". Para os autores, "uma boa reforma tributária, que efetivamente exija uma contribuição mais significativa do capital financeiro, é o que viabiliza a ação de redistribuição de renda e superação das desigualdades regionais pelos governos estaduais e federal, numa república verdadeiramente federativa".

Com efeito, a repartição e a fiscalização dos recursos para a educação no Brasil são processos extremamente complexos, uma vez consideradas as disparidades geográficas, econômicas e culturais das diversas regiões do país, pretensamente abarcadas por um sistema de federalismo cooperativo, que precisa ainda amadurecer, mas que contém avanços importantes para o alcance da equalização de oportunidades educacionais.

Nesse contexto, ao dispor sobre as competências dos entes federativos, a Constituição Federal prescreve que compete a todos os entes legislar concorrentemente sobre educação (art. 24, IX, CF/88), além de estabelecer a competência comum da União, estados, do Distrito Federal e dos municípios para proporcionar os meios de acesso à educação. Cumpre ressaltar ainda que à União cabe, privativamente, legislar sobre as diretrizes e bases da educação nacional e, em termos de financiamento educacional, cabe à União o financiamento das instituições públicas federais, além da função supletiva e redistributiva de recursos, atribuições consectárias do federalismo cooperativo. A Constituição preceitua também que os municípios "atuarão prioritariamente no ensino fundamental e na educação infantil" e os estados e o Distrito Federal "atuarão prioritariamente no ensino fundamental e médio" (art. 211, CF/1988).

Ao analisar o modelo de financiamento da educação no Brasil, sob o prisma dos anos iniciais da política de fundos, é possível verificar a indução da municipalização do ensino público. A análise de Corbucci e colaboradores (2009, p. 69-70), transcrita a seguir, corrobora esse entendimento e demonstra o aumento das responsabilidades dos municípios diante da descentralização promovida pela política de fundos. Senão, veja-se:

> A análise do gasto público educacional por esfera de governo é um elemento essencial para observar a descentralização de recursos, bem como para comparar o grau de responsabilidade pela oferta dos bens e dos serviços educacionais. [...]
> [Tal análise] evidencia claramente tendência de ampliação da participação das esferas de governo subnacionais no financiamento da educação, sobretudo dos municípios. Em 1995, esta esfera de governo foi responsável por 27,9% do total dos gastos educacionais, mas em 2005 respondia por 38,9%. Esta ampliação, entretanto, não significa necessariamente aumento da capacidade exclusiva do município em financiar ações educacionais. Esta reflete, na verdade, um aumento de recursos em poder dos municípios, possível mediante a política de priorização do ensino fundamental e a estrutura legal de financiamento e de competências, que em grande medida delineou a repartição do orçamento educacional. Em outras palavras, a distribuição de competências, feita a partir da CF/88, atribuiu aos municípios a responsabilidade maior pelo ensino fundamental, aliado ao regime de colaboração – financiamento e gestão –, entre as esferas de governo na área de educação, bem como ao Fundef, fizeram que as receitas disponíveis aos municípios ampliassem consideravelmente. Por outro lado, ainda que não tenha havido diminuição dos gastos, reduziram-se as participações de estados e da União no financiamento da educação.

Ainda sobre essa questão, Pinto (2017b, p. 173) afirma que "o federalismo cooperativo previsto no art. 211 da Constituição em matéria educacional se fez acompanhar de demandas concretas que foram atribuídas, por seu turno, na primeira e mais complexa linha de frente, aos municípios". A esse respeito, igualmente pertinentes são as considerações dos autores supracitados:

> A diminuição dos gastos dos estados decorre, em grande medida, do regime de colaboração e das mudanças na estrutura de financiamento da educação pública. Ao vincular 60% das receitas para o ensino fundamental público, o Fundef promoveu o aumento das matrículas nas redes municipais neste nível de ensino e, consequentemente, a transferência

de parcela das receitas de estado para municípios. [...] A crescente municipalização da rede de ensino fundamental foi uma saída encontrada pelos estados e desejada pelos municípios para diminuir a rede de alunos atendidos. Se de um lado a municipalização da matrícula do ensino fundamental levou consigo parte dos recursos de estados, de outro, permitiu a estes se concentrarem no atendimento ao ensino médio. Em certa medida, a municipalização do ensino fundamental também implicou transferir à União maior responsabilidade pela educação básica, por meio das complementações. Os avanços quanto à descentralização da gestão fundamentam-se na perspectiva de que este é um processo que pode gerar círculos virtuosos. Em outras palavras, esta otimizaria recursos, pela eliminação de atividades-meio; fomentaria maior efetividade das políticas, já que transferiria para ponta do sistema, para beneficiários, a responsabilidade pelo estabelecimento das prioridades a serem atendidas; e tornaria o processo mais transparente, pois permitiria à população local acompanhar e fiscalizar a devida aplicação dos recursos e da prestação dos serviços. (CORBUCCI *et al.*, 2009, p. 70-71)

Cabe realçar a conclusão de Martins (2009, p. 181) em relação ao efeito do Fundef sobre o pacto federativo, na qual estabelece que os debates em torno das complementações da União, dos repasses automáticos aos municípios sem a possibilidade de intervenção estadual e da municipalização induzida são temas cujo pano de fundo são as relações federativas e que mostram as dificuldades para construção de um efetivo regime de colaboração. O autor ressalva, todavia, que o fundo teve o mérito de articular o financiamento com a oferta educacional, mas carecia de uma instância de negociação federativa.

Outrossim, é possível notar que, ao longo dos anos de funcionamento do Fundef, a União não cumpriu de modo eficaz o seu dever de complementação, o que conduziu à permanência de disparidades interestaduais.

Observa-se, ainda, que a ideia de descentralização não pode ser meramente assimilada como o repasse de recursos às entidades subnacionais. Não por outro motivo, o Plano Nacional de Educação 2014-2024 preconiza que a descentralização deve "favorecer processos de autonomia pedagógica, administrativa e de gestão financeira nos estabelecimentos de ensino" (Meta 19.7, da Lei nº 13.005/2014).

Para atingir o objetivo supramencionado, os municípios deverão fomentar, em especial, a gestão democrática, por meio da comunidade escolar, dirigentes e conselho escolar. Nesse sentido é a lição de Paixão e Guimarães-Iosif (2014, p. 05), para os quais "a escola democrática pressupõe que todos tenham seus anseios minimamente supridos ou acolhidos; que todos sejam considerados sujeitos de direitos, isto é, cidadãos; que todos se sintam parte e que façam parte da escola".

Os referidos autores ainda asseveram:

> Entende-se que, se o objetivo é a gestão democrática, não se pode pensar que somente nas questões pedagógicas deve-se ter participação da comunidade escolar. Há de se ter participação da comunidade também nas questões administrativas, inclusive no tocante a *como* e *porque* aplicar as verbas em certas aquisições para escola. (PAIXÃO; GUIMARÃES-IOSIF, 2014, p. 2) (Grifos no original)

Em relação à autonomia pedagógica, referencia-se, notadamente, o papel da gestão escolar – diretor e vice-diretor – que juntos colaboram de forma significativa para o desenvolvimento da escola e de seus índices de promoção de uma educação de qualidade, além da melhoria das condições de trabalho para todos que nela estão inseridos. A gestão escolar, eleita pela comunidade escolar (pais, alunos, professores e funcionários), deve estar alicerçada em um plano de trabalho, o que garantirá a liderança e gestão compartilhada pelos anseios desta comunidade.

Ressalte-se ainda que a gestão escolar presta contas a um conselho, também escolhido pela comunidade escolar, e constituído por pais, representantes de alunos, professores, funcionários e o diretor da escola. Com efeito, o conselho escolar desempenha funções deliberativas (elaboração de normas internas), mobilizadoras (suscitar a participação integrativa de todos os representantes da escola) e consultivas (análise e assessoramento com a apresentação de soluções e sugestões), fundamentais para a gestão democrática nas escolas. Cabe aos conselhos, ainda, "fiscalizar a aplicação dos recursos destinados à escola e discutir o projeto pedagógico com a direção e professores" (SANTOS; NASCIMENTO, 2014, p. 5).

A gestão escolar, em sua condição legal de administrador dos recursos, pode, junto com seu conselho, estabelecer projetos que visem à melhoria contínua da aprendizagem e busquem de forma significativa aumentar o Índice de Desenvolvimento da Educação Básica (Ideb) da escola.

Cumpre salientar que o conselho escolar acima referenciado não se confunde com o sistema de controle social implementando após a constituição dos fundos contábeis. Os conselhos de acompanhamento e controle social (CACS) são órgãos colegiados cuja função principal é proceder ao acompanhamento e controle social sobre a distribuição, a transferência e a aplicação dos recursos do fundo contábil, no âmbito de cada esfera: municipal, estadual, distrital ou federal.

É verdade que a fiscalização por parte dos conselhos de acompanhamento e controle social foi vulnerabilizada, tendo em vista a subjugação das instâncias político-administrativas que deveriam ser por eles fiscalizadas. Esse cenário somente avançou diante das disposições no âmbito do Fundeb, que previu instrumentos mais efetivos e independentes de fiscalização, como a realização de visitas *in loco* para verificação do andamento de obras e serviços e a criação de impedimentos legais para a composição desses conselhos, de modo a coibir as relações de predileções pessoais no manejo dos recursos públicos, o que conduziu ao fortalecimento da autonomia dos referidos conselhos (MARTINS, 2009, p. 252).

A lição de Conceição e Fialho (2014, p. 803) sobre o tema elucida que o arranjo administrativo-financeiro dos sistemas educacionais traz para seu escopo uma perspectiva de controle tanto para o Poder Executivo, quanto para o Poder Legislativo e os tribunais de contas, por meio do controle externo e a fiscalização orçamentário-financeira e, complementarmente, estabelece a possibilidade de atuação da sociedade organizada no acompanhamento quanto à correta articulação da execução das políticas educacionais, por meio do controle social.

Nessa esteira, a regulamentação do novo Fundeb (Lei nº 14.113/2020) atribuiu, para cumprimento de suas competências, os seguintes poderes a esses conselhos, os quais podem ser exercidos sempre que os seus membros julgarem conveniente:

> [...] Apresentar ao Poder Legislativo local e aos órgãos de controle interno e externo manifestação formal acerca dos registros contábeis e dos demonstrativos gerenciais do Fundo, dando ampla transparência ao documento em sítio da internet; Convocar, por decisão da maioria de seus membros, o Secretário de Educação competente ou servidor equivalente para prestar esclarecimentos acerca do fluxo de recursos e

da execução das despesas do Fundo, devendo a autoridade convocada apresentar-se em prazo não superior a 30 (trinta) dias; Requisitar ao Poder Executivo cópia de documentos, os quais serão imediatamente concedidos, devendo a resposta ocorrer em prazo não superior a 20 (vinte) dias, referentes a: licitação, empenho, liquidação e pagamento de obras e de serviços custeados com recursos do Fundo; folhas de pagamento dos profissionais da educação, as quais deverão discriminar aqueles em efetivo exercício na educação básica e indicar o respectivo nível, modalidade ou tipo de estabelecimento a que estejam vinculados; convênios com as instituições a que se refere o art. 7º desta Lei; outras informações necessárias ao desempenho de suas funções; Realizar visitas para verificar, no local, entre outras questões pertinentes: o desenvolvimento regular de obras e serviços efetuados nas instituições escolares com recursos do Fundo; a adequação do serviço de transporte escolar; a utilização em benefício do sistema de ensino de bens adquiridos com recursos do Fundo para esse fim. [...].

Outrossim, além dos conselhos de acompanhamento e controle social, a lei supramencionada define os demais atores responsáveis pela fiscalização e o controle da aplicação da totalidade dos recursos dos fundos, quais sejam: a) órgão de controle interno no âmbito da União, e pelos órgãos de controle interno no âmbito dos estados, do Distrito Federal e dos municípios; b) tribunais de contas dos estados, do Distrito Federal e dos municípios, perante os respectivos entes governamentais sob suas jurisdições; c) Tribunal de Contas da União, no que tange às atribuições a cargo dos órgãos federais, especialmente em relação à complementação da União.

Convém salientar que o Ministério Público, embora não faça parte do rol de entidades fiscalizadoras elencadas pela Lei do Novo Fundeb, possui papel importante destinado ao efetivo cumprimento da lei, defesa da ordem jurídica, do regime democrático, dos interesses sociais e individuais indisponíveis (art. 32, Lei nº 14.113/2020). Além disso, a detecção de irregularidades por parte dos tribunais de contas deve ser noticiada ao respectivo MP para adoção das providências necessárias judicialmente.

Nesse diapasão, importa destacar as competências das Cortes de Contas assentadas constitucionalmente, conferindo-lhes a possibilidade de realizar inspeções e auditorias de natureza contábil, financeira, orçamentária, operacional e patrimonial nas unidades administrativas que lhes forem jurisdicionadas.

Consoante elencado no art. 71 da Carta Magna, aos tribunais de contas compete ainda:

> [...] VIII – aplicar aos responsáveis, em caso de ilegalidade de despesa ou irregularidade de contas, as sanções previstas em lei, que estabelecerá, entre outras cominações, multa proporcional ao dano causado ao erário;
> IX – assinar prazo para que o órgão ou entidade adote as providências necessárias ao exato cumprimento da lei, se verificada ilegalidade;
> X – sustar, se não atendido, a execução do ato impugnado, comunicando a decisão à Câmara dos Deputados e ao Senado Federal; [...].

No âmbito da atividade fiscalizatória em relação aos gastos com educação, os tribunais de contas atuam, especificamente, verificando o cumprimento da aplicação do percentual mínimo constitucional. Em complementação, cabe ressaltar que a esfera controladora não se exaure na avaliação contábil-financeira e, de modo mais amplo, avalia também a adequação dos gastos públicos aos padrões de eficiência, eficácia e economicidade.

Ademais, atente-se que, para além da função controladora sancionatória, fundamental para garantir a obediência ao ordenamento jurídico, o papel orientador/pedagógico das Cortes de Contas vem ganhando espaço. Consoante lição de Mileski (2011, p. 373), a função pedagógica é "revolucionária, modificadora de hábitos administrativos, que enseja a instalação de novos procedimentos e direciona uma ação administrativa consentânea com os interesses do cidadão".

Nessa esteira, a Nova Lei de Licitações (Lei nº 14.133/2021) conferiu atenção especial à função pedagógica, ao definir que as Escolas de Contas, vinculadas aos tribunais de contas, deverão oferecer capacitação aos gestores públicos, objetivando a melhoria dos serviços públicos e a redução da assimetria informacional entre jurisdicionados e órgãos de controle.

A esse respeito, o autor supramencionado (MILESKI, 2011, p. 374) enuncia que, "mais do que um órgão de controle, o Tribunal de Contas transformou-se em instrumento necessário e indispensável para a implantação de novas políticas públicas, exercendo uma atividade exigida pela própria sociedade e de absoluto interesse público".

Efetivamente, todo esse sistema controlador (abarcando competências sancionatórias e pedagógicas) é indispensável para o aprimoramento da gestão dos recursos públicos, seja por meio da capacitação dos gestores ou cooperação no sentido de encontrar soluções viáveis e eficientes para a Administração Pública, seja por meio da identificação de irregularidades e aplicação de multas.

Outro ponto igualmente relevante se refere aos critérios para fixação de recursos que constituem os fundos e a composição das receitas vinculadas ao financiamento educacional. Observa-se, inicialmente, que o legislador, embora tenha optado por leis específicas direcionadas ao Fundef e ao Fundeb, inseriu na LDB dispositivos importantes para a definição da aplicação dos recursos dos fundos, especialmente quanto à característica de subvinculação dos recursos que compõem esses fundos. Explica-se. Conforme dispõe a legislação educacional, os fundos pressupõem a vinculação de recursos *a priori* à educação e, portanto, não são considerados recursos novos, mas um subconjunto daqueles recursos tradicionalmente vinculados à manutenção do desenvolvimento e ensino (MDE) por meio do art. 212 da Constituição Federal e que se sujeitam às regras insertas nos arts. 70 (descrição dos gastos permitidos) e 71 (descrição dos gastos vedados) da LDB.

Consoante previsão constitucional, do montante arrecadado de impostos, incluídas as transferências, os estados, o Distrito Federal e os municípios devem destinar no mínimo 25% para a "manutenção e desenvolvimento do ensino público", e a União, 18%. Destaca-se ainda que o art. 60, do ADCT, dispunha que, "durante dez anos, 60% destes 25% deveriam se destinar, obrigatoriamente, ao ensino fundamental".

A grande parcela daqueles 60% constituía o Fundef, formado por recursos advindos do Fundo de Participação dos Estados (FPE), do Fundo de Participação dos Municípios (FPM), do Imposto sobre Produtos Industrializados destinados à exportação (IPI-Exportação), do Imposto sobre a Circulação de Mercadorias e Serviços (ICMS) e dos recursos da Lei Complementar nº 87/96, que era então redistribuído para as redes respectivas de acordo com o número de alunos matriculados.

Por sua vez, os recursos do Fundo de Manutenção e Desenvolvimento da Educação Básica e Valorização dos Profissionais da Educação – Fundeb provêm dos mesmos impostos que compunham a cesta do Fundef, mas com previsão de percentuais majorados, além de outros impostos, quais sejam: Imposto sobre a Propriedade de Veículo Automotor (IPVA), Imposto sobre a Transmissão *Causa Mortis* (ITCM) e Imposto Territorial Rural (ITR).

Ressalta-se ainda que o Fundeb promoveu, além da ampliação de recursos, o aprimoramento da equidade por meio da extensão do efeito redistributivo para toda educação básica. Além disso, previu a instituição de um espaço de negociação federativa, por meio da criação da Comissão Intergovernamental de Financiamento para Educação Básica de Qualidade, abrindo uma perspectiva concreta para melhoria do regime de colaboração.

Os fundos contábeis impelem a discussão conjunta entre a União, estados, Distrito Federal e municípios sobre as diretrizes para o desenvolvimento da política de financiamento educacional. Surgem, de fato, como mecanismo político-contábil com vistas a aperfeiçoar o regime de colaboração e viabilizar a autonomia federativa.

2.2 O Fundef: mecanismo de financiamento do ensino fundamental

O Fundef, enquanto instrumento de financiamento do Ensino Fundamental, foi instituído pela Emenda Constitucional nº 14/96, tendo sua regulamentação promovida por meio da Lei nº 9.424/96. *A posteriori*, é substituída pela Emenda Constitucional nº 53/06 e pela Lei nº 11.494/07 que regulamentam o Fundeb.

A nova lei modificou o art. 60 do Ato das Disposições Constitucionais Transitórias, subvinculando 60% das receitas oriundas de impostos e transferências dos estados e municípios, prioritariamente destinados ao ensino fundamental e de modo proporcional à quantidade de matrículas naquele nível de ensino.

Certo é que a criação do Fundef representou grande impacto para os demais níveis de ensino da educação básica, a saber, a educação infantil e o ensino médio, que não tinham previsão de subvinculação e ficavam dependentes do discernimento dos gestores estaduais e municipais.

O Fundef era composto da seguinte forma: 15% da contribuição do Fundo de Participação dos Estados (FPE), do

Fundo de Participação dos Municípios (FPM), do Imposto sobre Produtos Industrializados referente a produtos semielaborados destinados à exportação (IPI-Exportação), do Imposto sobre a Circulação de Mercadorias e Serviços (ICMS) e dos recursos da Lei Complementar nº 87/96 (Lei Kandir), que eram carreados ao fundo compulsoriamente. Por sua vez, a Emenda Constitucional nº 53/2006 aumenta o percentual dessas contribuições e impostos para 20%.

A redistribuição vinculada ao número de estudantes matriculados era o critério adotado pelo fundo para o repasse de recursos, destacando-se a adição dos dados do censo escolar referente ao ano anterior. De acordo com Martins, utilizar os dados do censo escolar relacionava-se com questões operacionais, observadas pela "maior complexidade técnica de fazer a apuração no decorrer do ano letivo em curso, e, no caso da implantação inicial do fundo, atuar como válvula reguladora de uma indesejável explosão de matrículas somente para atrair recursos" (MARTINS, 2006, p. 50).

Como já destacado anteriormente, por meio da EC nº 14/96, foi conferida nova redação às disposições do art. 211 da Carta Federal, explicitando de modo mais objetivo as atribuições relativas às políticas educacionais de cada ente federativo. Assim, estabeleceu que os municípios "atuarão de forma prioritária no Ensino Fundamental e na Educação Infantil" e os estados e o Distrito Federal "terão como prioridade o Ensino Fundamental e Médio". Para a União, caberia a "função redistributiva e supletiva de forma a garantir equalização de oportunidades educacionais e padrão mínimo de qualidade de ensino mediante assistência técnica e financeira".

Ademais, a nova redação do art. 60 do ADCT assentava que competia ao governo federal "complementar os recursos do fundo, em cada Estado e no DF, sempre que o valor por aluno não atingisse o mínimo definido nacionalmente", além de asseverar que todas as esferas federativas "ajustariam suas contribuições ao Fundef de modo que, em um prazo de cinco anos, fosse atingido um valor por aluno correspondente a um padrão mínimo de qualidade de ensino, definido nacionalmente". Observa-se que, ao vincular a média nacional a um valor correspondente a um padrão mínimo de qualidade, desejava-se, portanto, a promoção da equidade entre os entes subnacionais.

Antes desta data, competiria à lei regular o valor mínimo anual por aluno, e determinou que, para os anos seguintes, até o ano de 2003, esse valor mínimo nunca deveria ser inferior à razão entre a previsão de receita total para o fundo e a matrícula total do ensino fundamental no ano anterior, acrescida do total estimado de novas matrículas. Com efeito, o valor mínimo estabelecido para 1998 e congelado para o ano de 1999 era de R$315,00, desrespeitando expressamente o método de cálculo definido legalmente, além de ser insuficiente para promoção de um ensino de qualidade.

Assim, nota-se que, do ponto de vista de sua execução financeira, o Fundef conviveu com uma sequência de descumprimentos, por parte do Governo federal, referentes ao padrão mínimo de qualidade e à equalização de oportunidades educacionais. Nesse sentido, de acordo com a posição de Corbucci *et al.* (2009, p. 71):

> [...] os dados mostraram, ainda dentro da vigência do Fundef, uma diminuição dos gastos do governo federal no ensino fundamental, indicando que o regime de colaboração entre as esferas de governo, legalmente estabelecido, que deveria ser exercido pelo governo federal para tentar corrigir a heterogeneidade da oferta educacional, teve pouco aporte de recursos. Isto significa que o poder de intervenção do órgão central para efetuar a colaboração com os demais entes federados foi bastante reduzido, principalmente no que diz respeito à educação infantil e ao ensino fundamental.

Ao utilizar dados dos boletins do Fundef, expedidos pela Secretaria do Tesouro Nacional (STN), Pinto (2018, p. 857) destacou que, no ano de 98:

> a complementação da União atingiu oito estados (Alagoas, Bahia, Ceará, Maranhão, Pará, Paraíba, Pernambuco e Piauí) e correspondia a 2,5% dos recursos do fundo, enquanto que, em seu ano final, 2006, atingia apenas dois estados, o que representou menos de 1% dos recursos totais.

Conforme mencionado anteriormente, é possível atribuir ao mecanismo da desvinculação de receitas da união (DRU) a redução proporcional da responsabilidade do Governo federal no financiamento da política pública da educação. Acerca disso, Corbucci *et al.* (2009, p. 70) asseveram:

> A queda relativa da participação da União está relacionada aos efeitos da Desvinculação de Receitas da União (DRU), que incide também sobre o orçamento educacional e lhe retira um percentual igual a 20% de seus

recursos vinculados, fazendo com que sua aplicação mínima efetiva seja menor que aquela determinada constitucionalmente. Apesar de criticada por vários setores ligados à área educacional, a engenharia que corta parte do orçamento do governo federal para a educação ainda se mantém, mesmo ferindo o preceito constitucional de aplicação mínima de 18% do orçamento educacional.

Ressalva-se, todavia, que o advento da Emenda Constitucional nº 59/2009 fez regredir o impacto da DRU sobre os recursos vinculados à política pública da educação, anulando-o por completo, a partir de 2011.

Ainda sobre o tema, Araújo (2006, p. 108-109) corrobora:

> O Fundef representou a legalização da política de omissão da União com o financiamento da educação básica. Mesmo na prioridade escolhida para focalizar a política educacional, sua participação foi pequena, variando de 1% a 3% do total de recursos que compunham o fundo. A ínfima participação do governo federal agiu como limitador do combate às disparidades regionais e impossibilitou que fosse praticado um custo-aluno menos vergonhoso naquele período.

Outro aspecto relevante também vinculado à instituição do Fundef refere-se à valorização dos profissionais do magistério, depois amplificada para todos os profissionais da educação. A legislação fixou um índice mínimo de 60% do total de recursos do fundo para a remuneração dos profissionais do magistério em efetivo exercício de suas atividades no ensino público fundamental.

Além disso, a Lei nº 9.424/96 incumbiu aos entes federativos a adoção de um novo plano de carreira e remuneração do magistério, no qual deveriam ser observados alguns critérios, como o ingresso na carreira obrigatoriamente por meio da aprovação em concurso de provas e títulos; previsão de gratificações e funções gratificadas e regras claras e objetivas para evolução na carreira, de acordo com incentivos de progressão por qualificação do trabalho docente. Vale dizer que as diretrizes nacionais para esse Plano de Carreira e Remuneração estavam fixadas na Resolução nº 03/97 da Câmara de Educação Básica do Conselho Nacional de Educação (CEB/CNE).

Em complementação, os 40% restantes deveriam ser utilizados em outras "ações de manutenção e desenvolvimento do ensino", consoante previsão no art. 70 da LDB: "aquisição, manutenção, construção e conservação de instalações e equipamentos necessários ao ensino, aperfeiçoamento e capacitação de professores, aquisição de material didático-escolar e manutenção de programas de transporte escolar".

Igualmente, o art. 71 da LDB estabelece os gastos que não poderiam ser realizados com os recursos do fundo, entre eles:

> a subvenção a instituições públicas ou privadas de caráter assistencial, desportivo ou cultural; programas suplementares de alimentação; pagamento de pessoal docente e demais trabalhadores da educação, quando em desvio de função ou em atividade alheia ao desenvolvimento do ensino.

A especificação do modo de aplicação dos recursos orçamentários educacionais implica o auxílio às instâncias de controle para o efetivo acompanhamento dos gastos.

As receitas vinculadas ao fundo eram creditadas automaticamente em conta específica no Banco do Brasil. Importa destacar que a instituição da conta única e específica do Fundef evidenciou um instrumento valioso para a transparência dos gastos referentes à educação pública.

De acordo com a legislação educacional, os membros do Conselho de Acompanhamento e Controle Social deveriam ter acesso permanente à conta da instituição financeira responsável e, por conseguinte, acesso à informação do volume de recursos disponíveis mensalmente aos governos locais para gastos com a educação fundamental. Além disso, os dados referentes aos recursos disponíveis para estados e municípios, depois de realizada a redistribuição de recursos e a complementação da União, deveriam ser disponibilizados pela Secretaria do Tesouro Nacional por meio da internet.

Outrossim, a legislação do Fundef previa a obrigatoriedade de os governos estaduais e municipais apresentarem registros contábeis e demonstrativos gerenciais em que deveriam ser evidenciados os recursos repassados, recebidos e executados à conta do Fundef. A finalidade desta previsão residia, justamente, na possibilidade do acompanhamento dos recursos do fundo, seja com relação às transferências ou referente à utilização desses recursos. Todos esses mecanismos facilitavam a execução das tarefas de controle tanto dos conselhos de acompanhamento quanto dos tribunais de contas.

Cabe realçar que o não cumprimento das disposições legais relacionadas ao Fundef pode resvalar em algumas consequências, como: "Municípios ficam impedidos de receber recursos de auxílios, subvenções e contribuições da União e dos Estados, e os Estados ficam impedidos com relação ao recebimento desses recursos da União", conforme inc. I, art. 10 da Lei nº 9.424/96, c/c o §6º, art. 87, da Lei nº 9.394/96 (LDB); "a não aprovação das respectivas contas governamentais, pelos correspondentes tribunais de contas (Estadual ou Municipal), e pelos respectivos poderes legislativos (Assembleia Legislativa ou Câmara de Vereadores), podendo o responsável se tornar inelegível", nos termos do art. 1º, alínea "g", da Lei Complementar nº 64/90 e a possibilidade de intervenção federal/estadual anteriormente explicitada.

É cediço que o Fundef, mesmo instituído por um dispositivo constitucional, tinha um prazo de validade estabelecido (10 anos). Desse modo, havia uma grande incerteza sobre a renovação de um mecanismo redistributivo de recursos que sustentasse as finanças e redes escolares, o que favorecia e pressionava a aprovação de um novo texto constitucional, que daria origem ao Fundeb.

Com efeito, duas questões ganharam relevância nos momentos que antecederam a aprovação da emenda supramencionada, cujas razões baseavam-se no desejo de sanear as principais deficiências do Fundef. De um lado, a necessidade de revisão do formato anterior, focalizado prioritariamente no ensino fundamental, para englobar toda a educação básica. Por outro lado, o novo fundo deveria criar mecanismos que coibissem futuros descumprimentos por parte do Governo federal referente às suas obrigações de complementação dos fundos estaduais com menor capacidade de financiamento.

Por fim, é importante destacar que a participação da sociedade civil organizada, ausente na aprovação da emenda anterior, qualificou o debate acerca do formato do novo fundo. A pressão das entidades da área educacional e das organizações representativas dos dirigentes estaduais e municipais, na defesa ao direito à uma educação de qualidade, influenciou os resultados legislativos, com alterações que culminaram na substituição do Fundef pelo Fundo de Manutenção e Desenvolvimento da Educação Básica e de Valorização dos Profissionais da Educação (Fundeb).

2.3 O Fundeb: mecanismo de financiamento da educação básica

A Emenda Constitucional nº 53, de 19.12.2006, instituiu o Fundo de Manutenção e Desenvolvimento da Educação Básica e de Valorização dos Profissionais da Educação, com regulamentação promovida pela Medida Provisória nº 339/2006. Em 2007, a medida provisória foi convertida na Lei nº 11.494, que disciplina a organização e funcionamento do fundo. O Fundeb, previsto para ser implementado ao longo de 14 anos (de 2007 a 2020), engloba todas as modalidades da educação básica – infantil, fundamental, médio, educação de jovens e adultos, e educação especial, e manteve o número de matrículas como critério geral de repartição de recursos.

Além da ampliação das modalidades da educação básica abarcadas pelo fundo, houve, ainda, outra previsão que expandiu o universo de beneficiários. A Lei nº 11.494/07 admitiu expressamente, em relação às instituições comunitárias, confessionais ou filantrópicas sem fins lucrativos e conveniadas com o Poder Público, "o cômputo das matrículas efetivadas na educação infantil, na educação especial e na educação do campo oferecida em instituições credenciadas que tenham como proposta pedagógica a formação por alternância".

Essas entidades deveriam obedecer, cumulativamente, às seguintes condições: oferta de acesso e permanência na escola em igualdade de condições e atendimento gratuito a todos os alunos; assegurar a destinação do seu patrimônio a entidades congêneres em caso de encerramento de atividades e atender a padrões mínimos de qualidade, definidos pelo órgão normativo do sistema de ensino.

Assim como o Fundef, os recursos vinculados ao Fundeb são distribuídos de forma automática (não há necessidade de autorização específica para viabilizar a distribuição). Isto também é feito de modo periódico, por meio de crédito na conta específica de cada unidade da Federação responsável pela oferta do ensino escolar.

O Fundeb é composto, na quase totalidade, por recursos dos próprios estados, Distrito Federal e municípios, a saber, 16,66% em 2007; 18,33% em 2008, e 20% a partir de 2009, sobre: Fundo de Participação dos Estados (FPE); Fundo de Participação dos Municípios (FPM); Imposto sobre Circulação de Mercadorias e Serviços (ICMS); Imposto sobre Produtos Industrializados, proporcional às exportações (IPIexp); Desoneração de Exportações (LC nº 87/96); Imposto sobre a Propriedade de Veículo Automotor (IPVA), Imposto sobre a Transmissão *Causa Mortis* (ITCM) e Imposto Territorial Rural (ITR). Além desses recursos, a título de complementação, o fundo recebe uma parcela de recursos advindos do Governo federal, sempre que, na esfera estadual, seu valor por aluno não alcançar o mínimo definido nacionalmente.

Vale destacar que a EC nº 53/2006 previu que no primeiro ano de vigência do Fundeb a União aportaria R$2 bilhões de reais; no segundo ano, R$3 bilhões de reais; no terceiro ano, R$4,5 bilhões de reais; e, a partir de 2010, caberia à União complementar o fundo com, no mínimo, 10% dos aportes feitos por estados, DF e municípios ao fundo. Essa medida visava inibir o descumprimento reiterado, por parte da União, de sua responsabilidade supletiva e foi de grande importância para os estados das regiões Norte e Nordeste, que apresentavam menor arrecadação de impostos e, na época do Fundef, tinham um custo aluno médio muito inferior ao desejado.

Ainda nesse contexto, o eventual descumprimento dos repasses federais a título de complementação aos fundos importaria "crime de responsabilidade da autoridade competente", consoante previsto no §3º do art. 5º da Lei nº 11.494/2007. Este diploma legislativo prevê ainda que "a vinculação de recursos para manutenção e desenvolvimento do ensino estabelecida no art. 212 da Constituição Federal suportaria, no máximo, 30% da complementação da União", visando impedir o contingenciamento dos recursos da complementação.

Sobre a temática, Fernandes (2006, p. 146-147) ressalta:

> É urgente a promoção de equidade no tratamento dado a todos os segmentos do ensino que compõem a educação básica, assegurando aos governos estaduais e municipais, pela via da redistribuição de recursos e pelo aporte de verbas federais suplementares, igualdade na capacidade financeira de promoção do atendimento em todos os níveis de ensino que oferecem e, consequentemente, garantindo a todas as crianças e jovens brasileiros igualdade de oportunidades de acesso à educação, *independentemente da localização geográfica de suas residências e do ente governamental a que se encontram vinculadas as escolas públicas que irão atendê-los*. (Grifos nossos)

Nesse sentido, o mecanismo do Fundeb supre deficiências do seu antecessor, representando instrumento mais eficaz no âmbito do regime de colaboração e modelo federativo de cooperação dentro da política pública educacional.

Como visto anteriormente, a contribuição social do salário-educação é "fonte adicional de financiamento da educação básica incidente, com base na alíquota de 2,5%, sobre o valor total das remunerações pagas ou creditadas pelas empresas, a qualquer título, aos segurados empregados, ressalvadas as exceções legais" (art. 212, CF). A partir da EC nº 53/2006, há previsão expressa impedindo a União de complementar o Fundeb com os recursos oriundos da arrecadação da contribuição social do salário-educação.

Outro ponto que merece destaque se refere à ampliação dos profissionais abarcados pela subvinculação para gastos com pessoal inserta no art. 60 da ADCT. Conforme leciona Pinto (2017a, p. 61-62):

> [...] a Emenda Constitucional nº 53, de 2006, corrigiu uma séria distorção da EC nº 14/1996, quando previu a destinação de, no mínimo, 60% (sessenta por cento) dos recursos do Fundeb para pagamento não apenas do universo restrito dos *professores do ensino fundamental*, em efetivo exercício no magistério, mas de todos os *profissionais* do magistério *da educação básica* em efetivo exercício. [...] Com tal medida, a valorização remuneratória e a qualificação dos servidores da educação diretamente envolvidos com a atividade finalística dessa política pública tendem a se mostrar mais homogêneas e não farão discriminação entre professores, pedagogos, inspetores e demais auxiliares pedagógicos no cumprimento das metas estatais de desenvolvimento da educação básica. (Grifos do autor)

Ao lado disto, a emenda que instituiu o Fundeb previu a existência de um piso salarial profissional nacional (PSPN) para os profissionais da educação básica, regulamentado pela Lei nº 11.738/2008. Ao estabelecer que os entes federativos não poderiam fixar vencimentos iniciais inferiores ao PSPN, a lei garantiu uma valorização salarial que supera o valor do piso e respeita o compasso dos estados e dos municípios na estruturação das respectivas carreiras (VIEIRA, 2012, p. 193).

Em 11.11.2009, o Congresso Nacional aprovou a EC nº 59, com mudanças relevantes a respeito do arranjo normativo da política pública educacional. A educação básica obrigatória e gratuita passou a vigorar como "direito público subjetivo para faixa etária

de 4 a 17 anos, assegurada inclusive sua oferta gratuita para todos os que a ela não tiveram acesso na idade própria"; e o "atendimento ao educando, em todas as etapas da educação básica, deve contar com os vários programas suplementares como material didático-
-escolar, transporte, alimentação e assistência à saúde".

Em termos de financiamento público, a supracitada emenda incluiu o inc. VI no art. 214 da CF, vinculando a meta de investimento público em educação como proporção do produto interno bruto (PIB). Nessa senda, o documento *Planejando a próxima década*, publicado pelo Ministério da Educação (MEC) em 2014, assinala:

> [...] a vinculação de recursos financeiros para a educação, a ampliação dos percentuais do PIB para a educação nacional, bem como a vinculação do financiamento a um padrão nacional de qualidade, o acompanhamento e o controle social da gestão e uso dos recursos [...] são passos imprescindíveis para a melhoria do acesso, permanência e aprendizagem significativa dos estudantes. (BRASIL, 2014, p. 61)

O Fundeb foi pauta de intensas discussões ao longo dos últimos anos pela sociedade civil organizada e pelo Poder Público. Buscava-se a estabilização do regime jurídico do fundo a fim de garantir, efetivamente, a concretude da progressividade fiscal e operacional da sistemática de financiamento do ensino público. Com efeito, almejava-se a inserção do Fundeb no texto constitucional, retirando-o das Disposições Transitórias, tendo em vista a relevância do fundo para o desenvolvimento da educação brasileira e de modo a assegurar a sua perenidade.

Atente-se que, não obstante o Fundeb ter avançado em relação à sistemática anterior, falhou no sentido de garantir uma educação pública de qualidade, além de ter sido omisso em relação ao parâmetro do custo aluno-qualidade, mecanismo que será analisado no Capítulo 4 deste trabalho e que representa a meta para alcançar o padrão de qualidade do ensino. Vale dizer que, embora o fundo tenha contribuído para amenizar as abissais desigualdades regionais na distribuição de recursos para educação, ainda apresenta algumas distorções, em especial no que diz respeito ao papel de complementação da União.

A Proposta de Emenda à Constituição nº 15/2015, apresentada pela Deputada Raquel Muniz e de relatoria da Deputada Professora Dorinha Rezende, pretendia justamente tornar o Fundeb instrumento permanente de financiamento educacional. Entre os anos de 2017 e 2019, ocorreram diversas audiências públicas com o objetivo de debater o assunto. Especialistas no tema, professores, pesquisadores, representantes de conselhos, dirigentes e a sociedade civil organizada participaram das discussões (BRASIL, 2015c).

Diferentes emendas e sugestões foram encaminhadas à comissão especial destacada para análise da PEC, com proposições acerca do percentual de suplementação do Governo federal, parcerias com entidades privadas, adoção do princípio da proibição do retrocesso, vedação da utilização dos recursos do Fundeb para pagamento de aposentadorias, entre tantos outros temas polêmicos.

De acordo com a Deputada Dorinha Rezende (BRASIL, 2015c, p. 31):

> Os fundos contribuíram para organizar os recursos vinculados à manutenção e desenvolvimento do ensino (MDE), com a reunião de valores em conta específica e repasses automáticos, que passaram a garantir a regularidade do fluxo desses recursos. Além disso, favoreceram um melhor equilíbrio federativo – que ainda requer aperfeiçoamentos, sobretudo maior compromisso financeiro da esfera federal e aprimoramento do papel da esfera estadual no apoio técnico e na coordenação das políticas em regime de colaboração, bem como a diminuição das desigualdades entre as redes de seu território, além da consolidação do sistema nacional de educação (SNE). Assim, o Fundeb organiza os meios de financiamento e a reserva de recursos para o exercício da função supletiva. Constrói a política de cooperação, o regime de colaboração. Na área da educação o pacto federativo é garantido pelo Fundeb. O Fundeb é o pacto federativo. Propomos, em nosso substitutivo, conservar todos esses avanços que foram incorporados ao modelo de financiamento desde o Fundef até o atual Fundeb – corrigindo as eventuais lacunas e distorções, de forma a aprimorar o mecanismo.

A relatora assevera ainda:

> [...] em que pese o reconhecimento do Fundeb como um dos principais mecanismos de redução de desigualdades regionais, identificaram-se falhas no modelo redistributivo adotado, o que vem causando distorções alocativas, especialmente quanto a complementação da União. Tendo como referência o estudo técnico – ET nº 24/2017 –CONOF/CD, essas distorções foram quantificadas com base em amostragem que englobou cerca de 92% das redes municipais e 100% das redes estaduais e distrital de ensino (dados de 2015).

As falhas decorrem da adoção de valor anual médio por aluno (VAAF), que considera somente as receitas integrantes de cada fundo estadual, como parâmetro de equalização, mas deixa de levar em conta a maior ou menor disponibilidade de recitas próprias, vinculada à educação básica. Como consequência, os valores transferidos a cada rede de ensino podem desconsiderar sua real condição de financiamento.

Propõe-se que a equalização, por meio da complementação da União, seja feita por rede de ensino (estadual, distrital ou municipal), utilizando-se novo parâmetro de equalização, o valor aluno ano total (VAAT), que deverá considerar, além das receitas integrantes do FUNDEB, outras receitas vinculadas à educação, de modo a refletir de forma mais adequada a efetiva capacidade de financiamento de cada rede de ensino. Amplia-se, assim, o destinatário do auxílio financeiro da União: de alguns estados com menor VAAF para as redes de ensino que possuem menor VAAT, independentemente da unidade federativa em que se encontrem, de modo a beneficiar os municípios de maior vulnerabilidade. (BRASIL, 2015c, p. 42)

Consoante explicitado por Cláudio Tanno (2017b, p. 69), utilizar o valor aluno ano a partir do montante subvinculado no Fundeb (VAA_FUNDEB) promove anomalias na estratégia de financiamento:

Quanto à complementação da União, em que pese o inegável efeito redistributivo nacional, seu mecanismo de financiamento está sujeito a maiores distorções, cuja causa está na utilização do VAA_FUNDEB como parâmetro de equalização, o que tem excluído redes de maior vulnerabilidade segundo o critério do VAA_total. Em 2015, caso utilizássemos esse critério, a equalização nacional ocorreria com o VAA_total mínimo de R$3.761. Consideradas as redes de ensino amostradas, ao confrontarmos com a complementação efetivamente realizada, temos dois grupos:
Redes que receberam recursos desnecessários para equalização: 66 (4%) não necessitavam de recursos e 56 (3%) receberam em montante além do necessário;
Redes que necessitavam de recursos para equalização: 1.577 (93%) receberam em montante aquém do necessário e 149 não receberam complementação.
Projetando-se a alocação de recursos de complementação para a totalidade das redes de ensino, cerca de R$3,7 bilhões foram desnecessários para equalização e R$8,3 bilhões necessários, o que impossibilitou a equiparação do VAA_total mínimo em R$3.761. As redes de ensino amostradas, que deveriam ter recebido valores maiores de complementação, tiveram disponibilizado um VAA_total mínimo de R$2.937. Assim, na ótica do VAA_total das redes de maior vulnerabilidade, houve em 2015 uma ineficiência alocativa de 31% na complementação da União.

Depreende-se, portanto, que o mecanismo até então vigente apresentava falhas alocativas, o que conduziu a uma proposição de modelo híbrido para o Novo Fundeb, obedecendo-se parâmetros que preservam a complementação da União, limitada a 10%, no entanto, determina que os aportes que excederem esse percentual devem considerar todas as receitas vinculadas à educação e não apenas o percentual subvinculado que forma o Fundeb.

Nesse sentido, cumpre realçar a constitucionalização da previsão inserta na Lei nº 12.858/2013 – vinculação de alguns dos recursos do petróleo à educação, no sentido de conferir estabilidade aos recursos dos *royalties* decorrentes da exploração de petróleo e gás natural.

À época das discussões para aprovação do Novo Fundeb, após a apresentação da minuta de substitutivo pela Deputada Dorinha Rezende prevendo o aumento da complementação da União para 23%, dentro de 5 anos, o Ministério da Educação indicou que a proposta não teria apoio do governo. O ministro da pasta defendia que a participação da União passasse de 10% para 15% até o ano de 2026, o que felizmente não prosperou.

No âmbito do Senado Federal, enquanto casa revisora e sob a relatoria do Senador Flávio Arns, tramitou a PEC nº 26/2020. O processo dialógico experimentado, desde o ano de 2019, entre Câmara e Senado, implicou uma articulação coordenada durante o período das discussões e, quanto ao mérito, a votação pela aprovação.

No final de agosto de 2020, o novo Fundeb foi aprovado, com a promulgação da Emenda Constitucional nº 108/2020 (PEC nº 15/2015 na Câmara e PEC nº 26/2020 no Senado), carreando ao mecanismo de financiamento da política educacional mudanças bastante significativas, especialmente, ser permanente. A EC nº 108/2020 entrou em vigor na data de sua publicação, em 27.8.2020, produzindo efeitos financeiros a partir de 1º.1.2021.

Uma das principais alterações no formato do funcionamento promovida pela EC nº 108/2020 se refere à aprovação do aumento da suplementação do Governo federal em 13 pontos percentuais, totalizando, até 2026, 23%. Vale destacar ainda que os critérios de distribuição da complementação da União e do Fundeb deverão ser revistos em seu sexto ano de vigência e, a partir dessa primeira revisão, periodicamente, a cada 10 anos.

A emenda prevê, ademais, dentro da nova parcela de complementação de recursos da União, que no mínimo 70% (anteriormente esse piso era de 60%) serão destinados ao pagamento de salários dos profissionais da educação básica em efetivo exercício.

Como é cediço, um dos impostos que compõem a cesta do Fundeb é o Imposto sobre Circulação de Mercadorias e Serviços (ICMS), cuja repartição entre estados e municípios também foi modificado pelo novo arranjo constitucional. A EC nº 108/2020 estabelece que os estados terão o prazo de dois anos, contados a partir da data de promulgação da emenda, para aprovar legislação que regulamente a divisão entre os municípios de parte dos recursos do ICMS, observando, obrigatoriamente, "a distribuição de, no mínimo, 10 pontos percentuais com base em indicadores de melhoria nos resultados de aprendizagem e de aumento da equidade, considerado o nível socioeconômico dos educandos", o que representa premissa bastante relevante (art. 158, parágrafo único, inc. II, CF).

Atualmente, a Constituição Federal determina que os estados repassem parte do ICMS arrecadado (25%) aos municípios. A CF/88 prescreve, ainda, que as parcelas de receitas conferidas a esses municípios serão creditadas de acordo com os seguintes critérios: 75%, no mínimo, na proporção do valor adicionado nas operações relativas à circulação de mercadorias e nas prestações de serviços, realizadas em seus territórios (municípios com maior volume de operações receberão, portanto, mais recursos) e até 25% de acordo com critérios próprios de cada estado, dispostos em lei estadual específica.

A EC nº 108/2020 altera os critérios para repartição desses valores, diminuindo o total repassado proporcionalmente às operações realizadas no território de cada município para, no mínimo, 65%, e até 35% deverão ser repartidos conforme critérios que o estado definir em lei estadual. Como já ressaltado, 10% desses 35% deverão ser repartidos "com base em indicadores de melhoria nos resultados de aprendizagem e de aumento da equidade", conforme previsão constitucional.

A emenda alterou ainda o art. 206 da Carta Magna, que define os princípios basilares do ensino público, para incluir a garantia do direito à educação e à aprendizagem ao longo da vida. Também foi incluída a expressão "a qualidade e a equidade" no §4º do art. 211 da CF/88, como parâmetro que conduzirá a organização dos sistemas de ensino dos entes federados, atuando de forma colaborativa.

Noutra senda, uma das grandes discussões no âmbito do novo Fundeb diz respeito à inserção do custo aluno-qualidade (CAQ) no arcabouço constitucional. Saliente-se, todavia, que a Lei nº 13.005, de junho de 2014, que regula o Plano Nacional de Educação 2014-2024, já previa o conceito do custo aluno-qualidade inicial (CAQi), o que significou um salto no debate sobre desigualdade educacional.

Segundo Flávio Arns, relator da PEC nº 26/2020 no Senado, a adoção do CAQ como parâmetro representa "inovação consentânea com os debates mais avançados em matéria de financiamento da educação, segundo os quais o critério básico para alocar os recursos deve ser o da garantia dos insumos indispensáveis ao processo de ensino-aprendizagem" (BRASIL, 2020).

Com efeito, o CAQi abrange as condições e os insumos humanos e materiais mínimos necessários para promover um processo de ensino-aprendizagem adequado e com qualidade, de modo a viabilizar, de fato, o direito subjetivo à educação. A respeito do tema, impende colacionar o ensinamento de Daniel Cara (2019, p. 29):

> O CAQi determina que todas as escolas públicas de educação básica (da creche ao ensino médio) contem com profissionais da educação bem remunerados, com política de carreira e formação continuada. Em todas as unidades escolares o número de alunos por turma também deve ser adequado, evitando salas superlotadas. E todas as escolas devem ter água potável, energia elétrica, além de insumos como bibliotecas, laboratórios de ciência e de informática, internet rápida e quadra poliesportiva coberta, bem como todos os recursos para a realização de seu projeto político-pedagógico.

Nesse contexto, cumpre esclarecer que o CAQi deveria ser referenciado no conjunto de padrões mínimos estabelecidos na legislação educacional e que seria progressivamente reajustado até a implementação plena do custo aluno-qualidade. Após a EC nº 108/2020, o conceito de CAQ foi inserido no texto constitucional, mas ainda depende de regulamentação.

São inegáveis os avanços promovidos pelo novo formato do financiamento educacional, especialmente considerando o esforço normativo para redução das disparidades regionais e de modo a assegurar o alcance de padrões adequados para oferecer uma educação pública de qualidade. Nesse sentido, cabe, mais uma vez, valer-se da opinião do Senador Flávio Arns, para quem o Fundeb tem como mérito principal a distribuição regional de recursos e acredita que, com base nas mudanças promovidas pela EC nº 108/2020, o fundo será ainda mais equitativo:

> Trata-se de um dos principais instrumentos de redistribuição de recursos do país, realocando valores no âmbito de cada estado, entre o governo estadual e as prefeituras, para tornar o sistema educacional mais equitativo e menos desigual. [...] Esse modelo permitirá maior capilaridade na distribuição dos recursos, fazendo com que eles cheguem às redes de ensino que mais necessitam, independentemente do estado da Federação onde elas se encontrem. [...] Cuidemos de nossas crianças, cuidemos de nosso futuro, instituindo um novo Fundeb permanente, financeiramente robusto e com um compromisso solidário dos três níveis federativos no sentido de garantir educação de qualidade a todos. (BRASIL, 2020).

O Fundeb atualmente representa 63% do investimento público em educação básica. Se considerado o valor mínimo *per capita* anual, esse investimento é de cerca de R$3.600. Já com as mudanças promovidas pela recente emenda, estima-se que esse valor aumente cerca de 50% até 2026, passando para, aproximadamente, R$5.500. Por outro lado, a adoção desse novo critério de progressividade na complementação da União trará aumento estimado, até 2026, de 54% das redes de ensino beneficiadas pela complementação da União (que passarão a ser 2.618 em comparação com cerca de 1.700 redes hoje atendidas), assim como ampliará o número de alunos contemplados pelos recursos federais, que subirá para 17,5 milhões. Essa ampliação da cobertura beneficiará estudantes de redes de 24 estados da Federação, 15 a mais do que os 9 estados que recebem complementação atualmente (BRASIL, 2020).

Por fim, ressalte-se que, não obstante o Fundeb ter contribuído para redução de diferenças regionais nos sistemas de ensino e promoção da equidade na repartição dos recursos destinados à educação, a política de financiamento educacional, como qualquer modelo social, pode ser sempre revista e aprimorada para que a distribuição de recursos entre os entes federativos seja suficiente para produzir os resultados almejados.

As expectativas e esperanças decorrentes das novas disposições constitucionais acerca do financiamento da educação pública devem caminhar junto ao acompanhamento do efetivo cumprimento das novas regras. A progressividade fiscal e operacional da sistemática de financiamento do ensino, a diminuição nas diferenças regionais, o fomento à equalização de oportunidades educacionais e os novos incentivos à evolução e aprimoramento dos indicadores de qualidade da educação pública são os grandes desafios para os próximos anos.

CAPÍTULO 3

INVESTIMENTO PÚBLICO ENQUANTO VETOR DA QUALIDADE DO ENSINO

3.1 O investimento público em educação e a medida da suficiência de recursos

A ampliação do investimento público em educação tem sido objeto de intenso debate entre especialistas. O pertinente questionamento acerca da suficiência de recursos em contraposição à má gestão dos gastos públicos com o sistema educacional revela a necessidade do estabelecimento de parâmetros que induzam à associação do montante de investimento suficiente à qualidade do ensino, além da definição de indicadores e metas que vinculem a atuação dos gestores educacionais, de modo a promover gastos com mais eficiência.

De acordo com a teoria do capital humano, o nível de escolarização de determinado povo está intrinsecamente ligado à sua evolução econômica, uma vez que a qualificação do capital humano representa qualificação do mercado de trabalho. Sobre a teoria, Motta (2007, p. 03) explica:

> A "teoria do capital humano" foi incorporada na teoria econômica moderna por Jacob Mincer e popularizada por Schultz e Becker nas décadas de 1950 e 1960. A ideia fundamental da teoria é que o trabalho, mais do que um fator de produção, é um tipo de capital: capital humano. Esse capital é tão mais produtivo quanto maior for sua qualidade. Essa qualidade é dada pela intensidade de treinamento científico-

tecnológico e gerencial que cada trabalhador adquire ao longo de sua vida. A qualidade do capital humano não apenas melhora o desempenho individual do trabalhador – tornando-o mais produtivo – como é um fator decisivo para gerar riqueza, crescimento econômico do país e de equalização social.

Holmes e Sustein (2019, p. 11), ao fazerem referência a determinados direitos, afirmam que, "embora sejam manifestamente custosos, aumentam a tal ponto a riqueza social tributável que se pode considerar que financiam a si mesmos". Nesse sentido, é indubitável que o investimento público em educação, claro, educação de qualidade, proporciona o desenvolvimento econômico do país. Certo é que parâmetros objetivos acerca dos indicadores de qualidade da educação conduzirão ao montante necessário de investimento e, consequentemente, à utilização desses recursos de modo mais eficiente.

O Brasil, segundo dados divulgados pela Organização para a Cooperação e Desenvolvimento Econômico (OCDE), por meio da publicação mundial *Education at a Glance* (2020), que reúne estatísticas educacionais de mais de 40 países, figura entre os países que mais aumentaram os investimentos em educação nos últimos anos. No entanto, a mesma publicação evidencia que, em termos de gastos *per capita*, no ano de 2017, o Brasil investiu cerca de US$4.661,00 por estudante. A média da OCDE é de US$10.102,00 anuais. Ou seja, o país precisa avançar significativamente na ampliação de recursos para a educação brasileira.

Embora alguns autores defendam que não há essencialmente a necessidade de aumento de investimentos e, sim, melhor gestão dos recursos disponíveis (HANUSHEK; WOESSMANN, 2015), os dados apresentados acima revelam que, para o caso brasileiro, ainda remanesce a necessidade de ampliação dos recursos vinculados à política pública educacional.

Outrossim, dados recentes extraídos do *Anuário Brasileiro da Educação Básica* (2019), organizado por Priscila Cruz e Luciano Monteiro, ambos do *Movimento Todos pela Educação*, corroboram as constatações supracitadas: o atendimento escolar às crianças de 0 (zero) a 3 (três) e de 4 (quatro) e 5 (cinco) anos, pelos municípios, só atinge 71,6% desse público, ou seja, faltam vagas; além disso, estima-se que 1,5 milhão (um milhão e quinhentos mil) de crianças e jovens ainda está fora da escola. Acerca da temática, convém citar o entendimento de Gouveia e Souza (2015, p. 59):

> Outro problema candente, e quiçá mais grave, tem relação com a insuficiência de recursos financeiros para a educação. Isto é, mesmo com a redistribuição dos recursos vinculados sendo necessária – e, ao que parece, o Brasil não tem como sobreviver sem ela, pelo menos até a aprovação de uma grande reforma tributária –, o País ainda carece de mais dinheiro para a educação pública. Temos uma dívida social elevadíssima para com a educação, tanto no que tange à ampliação do acesso e às condições de permanência quanto em relação à qualidade educacional. Ainda que melhorando a gestão dos recursos disponíveis e, com isso, ampliando o seu potencial de uso, o salto educacional que o País precisa dar transcende enormemente os valores redistribuídos pelo Fundeb.

Com efeito, o aumento do investimento público no ensino foi previsto no Plano Nacional de Educação (PNE) 2014-2024. De acordo com a Meta 20 do PNE, o investimento público deveria ser ampliado, de forma gradual, até atingir o equivalente a 10% do produto interno bruto (PIB) do país até o último ano de sua vigência. Disposição similar já constava no inc. VI do art. 214 da Carta Magna de 1988, que prevê o estabelecimento de meta de aplicação de recursos públicos em educação como proporção do PIB. Sobre o assunto, Élida Graziane Pinto (2017a, p. 67) defende:

> [...] o grande desafio, como já dito, em matéria educacional, reside no dever de manutenção da qualidade do ensino. Isso porque não basta o cumprimento matemático de meta de aplicação de recursos públicos em proporção do PIB do art. 214, VI ou o atingimento contábil do porcentual de gasto mínimo do art. 212, ambos da CR/1988, se a tais balizas de vinculação de gasto corresponder regressividade imotivada de indicadores e índices oficiais de desempenho durante o período examinado. Vale a pena, nessa senda, lembrar o aviso de que gastar formalmente o montante mínimo de recursos vinculados, mas não assegurar o padrão de qualidade, é gastar mal (lesão aos princípios da finalidade e da eficiência), além de configurar oferta irregular de ensino nos moldes do art. 208, §2º combinado com o art. 206, VII, ambos da CR/1988.

Em complementação, vale destacar o entendimento de Oliveira (2015, p. 497), para quem o controle da eficiência sujeita a Administração Pública a um controle de qualidade. Segundo o autor, não se trata apenas de gastar os recursos, a Administração deve gastá-los de forma apropriada, tendo em vista o interesse público e, ainda, deve resultar na exata aplicação naquilo que é essencial à população, não apenas sob o aspecto formal, mas também em termos de rendimento e atendimento às necessidades sociais.

Noutra senda, não obstante as disposições insertas no PNE, mudanças no cenário político-econômico do país, que enfrentou uma profunda crise econômica e fiscal, deram origem à Emenda Constitucional nº 95/2016, denominada PEC do teto dos gastos, a qual impõe uma contenção dos gastos públicos por meio de um Novo Regime Fiscal, impactando também a política educacional.

O Novo Regime Fiscal dita que o orçamento público deverá sofrer restrições por um período de vinte exercícios financeiros, a fim de controlar o crescimento das despesas federais e auxiliar o necessário ajuste fiscal das contas públicas. O novo texto constitucional dispõe que as despesas primárias federais (despesas não financeiras) estariam limitadas no primeiro ano "à despesa primária paga no exercício de 2016, incluídos os restos a pagar pagos e demais operações que afetam o resultado primário, corrigida em 7,2%".

A partir dos exercícios posteriores, os gastos totais da União, incluídos os poderes Legislativo (inclusive o TCU) e Judiciário, além de Ministério Público da União e Defensoria Pública da União, deveriam ser reajustados com base no Índice Nacional de Preços ao Consumidor Amplo – IPCA do ano anterior.

Outra disposição importante da emenda supracitada, constante no art. 110 do ADCT, refere-se às aplicações mínimas em *manutenção e desenvolvimento do ensino*, as quais, no exercício de 2017, seriam calculadas nos termos do art. 212 da CF/88 (a aplicação mínima pela União de 18% da receita resultante de impostos). Já nos exercícios posteriores, os valores vinculados às aplicações mínimas em educação deveriam ser calculados com base no exercício imediatamente anterior, corrigidos pelo IPCA.

Segundo o Estudo Técnico nº 26/2016 da Consultoria de Orçamento e Fiscalização Financeira da Câmara dos Deputados:

> A nova forma de vinculação pode representar, na hipótese de crescimento real da receita, menor grau de proteção dessas áreas em relação ao piso calculado pelos critérios anteriores. Por outro lado, diante da imposição de

um teto geral para as despesas primárias, ao menos se impede que o Novo Regime Fiscal acarrete redução, em termos reais, dos atuais montantes alocados para os pisos da saúde e educação. Observe-se, em relação à educação, que o Fundeb foi ressalvado do teto de gastos; e as despesas financeiras (caso do FIES) e a renúncia de receita (caso do PROUNI) não se submetem à regra fiscal, vez que esta somente se aplica a despesas primárias. (TANNO, 2016, p. 20)

Por sua vez, Bruno D'Abadia (2016), consultor legislativo da Câmara, pondera que existe um indicador que precisa ser considerado nessa sistematização, qual seja o crescimento da demanda, muito relacionado com o crescimento da população. Para o autor, existem dois efeitos antagônicos entre si no tocante aos gastos com educação:

> Por um lado, é possível se prever que no longo prazo, com a recuperação da economia, quando as receitas voltarem a apresentar crescimento real, a correção dos limites mínimos de aplicação de recursos em manutenção e desenvolvimento do ensino pela inflação pode, e provavelmente irá reduzir o total absoluto investido nesta área se comparado ao provável total obtido pela manutenção da regra atual, se e quando a economia recuperar uma trajetória crescente. Por outro lado, a estrutura demográfica brasileira está mudando rapidamente, com redução da população jovem e aumento da população idosa". "Com a redução do número médio de filhos por mulher, há redução do número de matrículas na educação básica". "Como exemplo desse fenômeno, o Censo escolar de 2015 apontou uma redução de 7,2 milhões de matrículas no ensino fundamental entre 2000 e 2014". "No mesmo sentido, o IBGE estima que até 2030 a população de crianças e jovens com idade entre 5 e 19 anos, que são os que estão na faixa etária elegível para a Educação Básica, irá reduzir-se em 20%, caindo de 52,9 para 41,5 milhões. (D'ABADIA, 2016, p. 7)

No ano de 2017, o Estudo Técnico nº 1, elaborado por Tanno (2017a, p. 10), também no âmbito da Câmara dos Deputados, destaca que, embora o Novo Regime Fiscal firme o compromisso com a melhoria do gasto público e a racionalização dos recursos, "tais medidas mostram-se insuficientes a fim de que se alavanquem as políticas educacionais vigentes, ante a urgência e a magnitude das demandas existentes". E prossegue o autor:

> As regras estabelecidas impõem o incremento de recursos de uma área condicionado ao decréscimo de outra. Em um cenário de retomada do

crescimento econômico e aumento das receitas públicas, com a exclusão da complementação da União ao teto de gastos, a alternativa a se vislumbrar será entre aumentar recursos para a educação básica ou para a melhoria do resultado primário. O Novo Regime Fiscal preserva e permite ampliar um dos principais instrumentos constitucionais de redução de desigualdades, cuja forma de utilização dependerá da conjuntura econômica ou da disposição de Governos que efetivamente considerem a educação como prioridade. (TANNO, 2017a, p. 15)

A par das análises insertas nos estudos técnicos citados e do comportamento econômico ao longo dos últimos anos, é possível inferir que decisões político-econômicas do Governo federal e o desempenho econômico do país irão ditar, no contexto do Novo Regime Fiscal, a trajetória e o cumprimento das metas financeiras relacionadas ao Plano Nacional de Educação.

No cenário pandêmico atualmente vivenciado, já foi possível observar a instabilidade e insegurança referentes às políticas públicas educacionais no país. Segundo nota técnica (2020) elaborada pela Associação Nacional de Pesquisadores em Financiamento da Educação (Fineduca), em parceria com a Campanha Nacional pelo Direito à Educação (CNDE), a queda na arrecadação em todos os níveis de governo, causada pelos efeitos econômicos da pandemia, impacta as vinculações orçamentárias destinadas à educação. A nota reforça ainda que, em decorrência da PEC nº 15/2016, "só em 2019, a educação perdeu R$32,6 bilhões para as políticas de austeridade e, continuada essa política, a área será ainda mais prejudicada neste e nos próximos anos".

Justamente nesse contexto, importante destacar a posição dos professores Pinto, Ximenes e Carvalho (2022, p. 14):

> [...] o problema de como buscar custeio adequado para a educação reclama não apenas novas fontes de recursos, mas, sobretudo, revisitar sua própria natureza jurídica e sua compreensão contemporânea nos campos econômico e social. Se se retomar a dimensão primordial do gasto em educação como investimento em capital humano e se se alargar a noção de bem de capital para incluir os ativos intangíveis decorrentes da produção do conhecimento, restará clara a necessidade de revisão da Lei nº 4320/1964 e, ato contínuo, também se imporá a necessidade de revisitar sua conexão estrutural com o alcance da regra de ouro, inscrita no art. 167, III da Constituição. Aplicar recursos em educação deve ser considerado investimento, até mesmo na dimensão finalística da regra

de ouro de assegurar prioridade efetiva ao que desenvolve o potencial de crescimento do país. Contrair dívida para expandir a capacidade de geração de riqueza é admitido no regime constitucional das finanças públicas brasileiras. No atual estágio de evolução do capitalismo mundial, nada mais é tão eficaz para tal propósito que a oferta universal e equitativa de educação de qualidade pelo Estado.

Em síntese, os autores supramencionados defendem que os gastos com educação devem ser integralmente considerados investimentos, e a noção de bem de capital deve abarcar o ativo intangível (produção de conhecimento). Ou seja, asseveram que a despesa com educação obtenha a classificação orçamentária de despesa de capital (investimentos, inversões financeiras e transferências de capital).[1] Na classificação atual, conceituada pela anciã Lei nº 4.320/1964, a maior parte dos gastos com educação é definida como despesa corrente – despesas de pessoal – custos com folha de pagamento. Tais despesas se submetem à "regra de ouro", inserta no art. 167, inc. III, da CF, que estabelece a vedação de endividamento público para custeio de despesas correntes. É vedada: "[...] III – a realização de operações de créditos que excedam o montante das despesas de capital, ressalvadas as autorizadas mediante créditos suplementares ou especiais com finalidade precisa, aprovados pelo Poder Legislativo por maioria absoluta".

Desse modo, defende-se que o impacto no investimento da política educacional deveria vir acompanhando do necessário estudo sobre alternativas para o remanejamento de recursos, não

---

[1] Lei nº 4.320/1964: "[...] §4º Classificam-se como investimentos as dotações para o planejamento e a execução de obras, inclusive as destinadas à aquisição de imóveis considerados necessários à realização destas últimas, bem como para os programas especiais de trabalho, aquisição de instalações, equipamentos e material permanente e constituição ou aumento do capital de empresas que não sejam de caráter comercial ou financeiro. §5º Classificam-se como Inversões Financeiras as dotações destinadas a: I – aquisição de imóveis, ou de bens de capital já em utilização; II – aquisição de títulos representativos do capital de empresas ou entidades de qualquer espécie, já constituídas, quando a operação não importe aumento do capital; III – constituição ou aumento do capital de entidades ou empresas que visem a objetivos comerciais ou financeiros, inclusive operações bancárias ou de seguros. §6º São Transferências de Capital as dotações para investimentos ou inversões financeiras que outras pessoas de direito público ou privado devam realizar, independentemente de contraprestação direta em bens ou serviços, constituindo essas transferências auxílios ou contribuições, segundo derivem diretamente da Lei de Orçamento ou de lei especialmente anterior, bem como as dotações para amortização da dívida pública".

obstante a pouca maleabilidade da atual política orçamentária. De acordo com a lição de Pinto, Ximenes e Carvalho (2022, p. 17), o "dever de gasto mínimo em educação não pode ser só uma equação matemática que oscila conforme a arrecadação de impostos caia ou suba, há um direito fundamental constitucional em questão, que requer suficiência e continuidade de recursos".

Nesse ínterim, a Campanha Nacional pelo Direito à Educação (CNDE) acredita que a política pública educacional, para ser realizada em sua complexidade, abrangência, e de modo a atingir as finalidades precípuas de desenvolvimento humano, exercício da cidadania e qualificação para o trabalho, demanda uma destinação adequada de recursos. Segundo a instituição (CNDE, 2011, p. 4):

> Embora seja errôneo afirmar que o financiamento adequado da educação pública resolva sozinho o conjunto avassalador de problemas educacionais brasileiros, é certo afirmar que sem ele nada poderá ser feito. Concretamente, não é possível remunerar adequadamente professores das redes públicas, reduzir o número de alunos por turma, dotar de infraestrutura adequada as escolas brasileiras e implementar programas de formação continuada aos profissionais da educação sem uma política adequada de gasto público para o setor. Nas políticas educacionais, como em qualquer outra área, *a obtenção de bons resultados exige a compreensão de que o investimento adequado é um pressuposto e a boa gestão é um princípio*. (Grifos nossos)

Com efeito, o adequado financiamento da educação é elemento substancial para a organização e o funcionamento das políticas públicas educacionais e, consequentemente, para a solidificação do Sistema Nacional de Educação. Não por outro motivo, é mandatório reconhecer o investimento público como vetor da qualidade do ensino, isto é, o investimento deve ser considerado o montante necessário para abarcar os insumos humanos e materiais que integram a materialização da qualidade da educação pública brasileira.

3.2 O debate sobre a qualidade do ensino e a legislação pátria

A qualidade da educação no Brasil é tema central nas discussões sobre os arranjos normativos da política pública educacional. A despeito do cenário de indefinição acerca do conceito de qualidade e as dificuldades para mensurá-la, a legislação vigente assegura que a prestação estatal sobre o ensino público deve seguir padrões mínimos de qualidade.

A inegável importância desse debate encontra guarida na materialização do direito à educação, de modo a propiciar o desenvolvimento do ser humano, "o exercício da cidadania e a qualificação para o trabalho" (art. 205, CF/88). A oferta do ensino público dissociado de qualidade e efetividade não se coaduna com os preceitos constitucionais que erigem a educação como direito social fundamental.

A Constituição Cidadã, ao instituir o Estado democrático de direito, elenca o exercício dos direitos sociais e individuais "como valores supremos de uma sociedade fraterna, pluralista e sem preconceitos" (Preâmbulo, CF/88). Além disso, a Constituição especifica como princípios fundamentais do Estado brasileiro, entre outros, a cidadania e a dignidade da pessoa humana. Assim, o direito à educação é corolário dos fundamentos estruturantes da ordem constitucional.

Com efeito, a Carta Magna assevera que a educação é direito de todos e dever do Estado, que deverá ser efetivado mediante a garantia de "educação básica obrigatória e gratuita dos 04 (quatro) aos 17 (dezessete) anos, assegurada inclusive sua oferta gratuita para todos os que a ela não tiveram acesso na idade própria" (art. 208, I, CF/88). Nesse sentido, cumpre rememorar a lição de Gabriel Chalita (2001, p. 106-107):

> O objetivo é garantir à pessoa humana seu pleno desenvolvimento sem injustiça ou agressão por parte de quem quer que seja, inclusive do Estado. De nada adiantaria todo esse elenco de salvaguardas se não houvesse a obrigatoriedade da educação, que se constitui como garantia de que o cidadão terá consciência de seus direitos a partir da aquisição de conhecimento, da instrução. Se assim não fosse, tudo ficaria apenas no papel.

O ensinamento do autor se alinha com a concepção do exercício de cidadania, elementar para a concreção da democracia. Ao lado da obrigatoriedade da educação, a oferta a todos deve ser permeada não por uma igualdade meramente formal, mas sim material e substancial, sem a qual não seria possível realizar o direito à educação em plenitude. Sobre o tema, Silva (2001, p. 289) leciona:

> Os direitos sociais são prestações positivas proporcionadas pelo Estado, direta ou indiretamente, enunciadas em normas constitucionais, que possibilitam melhores condições de vida aos mais fracos, direitos que tendem a realizar a igualização de situações sociais desiguais. São, portanto, direitos que se ligam ao direito de igualdade.

Nessa mesma senda, Pompeu (2005, p. 21) assevera que o direito à educação requer uma efetiva atuação estatal para concretizá-lo, oportunizando aos seus beneficiários o gozo do direito à igualdade material, haja vista que a educação pode ser compreendida como a base do progresso estatal, apresentando-se como instrumento de combate às mazelas sociais e aos desníveis sociais e econômicos.

O Unicef – Fundo das Nações Unidas para a Infância associa o grau de instrução educacional da nação à quantidade de mão de obra qualificada, ao nível maior de informação da população e, por conseguinte, à maior capacidade de ruptura com o círculo de miséria (GORCZEVSKI; TAUCHEN, 2008, p. 69).

Outrossim, a Carta Constitucional afirma expressamente que o acesso ao ensino obrigatório e gratuito é direito público subjetivo e o não oferecimento pelo Poder Público ou sua oferta irregular importa a responsabilidade da autoridade competente. Nas palavras de José Maurício Conti (2014, p. 491-492), "o acesso ao ensino obrigatório e gratuito é juridicamente exigível (por ser direito subjetivo) por todos (sendo direito público)". Segundo o autor, o Poder Judiciário tem firmado "a interpretação de que o reconhecimento da educação como um direito fundamental cria para o Poder Público a obrigação de alocar recursos que permitam sua concretização, garantindo-o a todos aqueles que desejem fruí-lo" (CONTI, 2014, p. 494).

Nesse contexto, Nalini (2019, p. 6) alerta que "é preciso que haja uma aliança solidária e que sejam dadas vez e voz à Educação. Não existe alternativa, se quisermos sobreviver como Brasil, como democracia e como estado de direito".

Assim, a construção de uma educação pública de qualidade deve estar comprometida com o processo de emancipação humana e de transformação social, "uma educação como prática da liberdade", de acordo com Paulo Freire (2014). De fato, o acesso à educação de qualidade constrói o espírito crítico e estimula o exercício da cidadania, tão afetos à própria democracia.

Cumpre ressaltar que a educação de qualidade constitui um dos objetivos do desenvolvimento sustentável (ODS 4),[2] inserido na Agenda 2030, cujos signatários assumem o compromisso de atingir aqueles objetivos por meio da consecução de metas definidas pela Organização das Nações Unidas (ONU):

> 4.1 Até 2030, garantir que todas as meninas e meninos completem o ensino primário e secundário livre, equitativo e de qualidade, que conduza a resultados de aprendizagem relevantes e eficazes;
> 4.2 Até 2030, garantir que todos as meninas e meninos tenham acesso a um desenvolvimento de qualidade na primeira infância, cuidados e educação pré-escolar, de modo que eles estejam prontos para o ensino primário;
> 4.3 Até 2030, assegurar a igualdade de acesso para todos os homens e mulheres à educação técnica, profissional e superior de qualidade, a preços acessíveis, incluindo universidade;
> 4.4 Até 2030, aumentar substancialmente o número de jovens e adultos que tenham habilidades relevantes, inclusive competências técnicas e profissionais, para emprego, trabalho decente e empreendedorismo;
> 4.5 Até 2030, eliminar as disparidades de gênero na educação e garantir a igualdade de acesso a todos os níveis de educação e formação profissional para os mais vulneráveis, incluindo as pessoas com deficiência, povos indígenas e as crianças em situação de vulnerabilidade;
> 4.6 Até 2030, garantir que todos os jovens e uma substancial proporção dos adultos, homens e mulheres estejam alfabetizados e tenham adquirido o conhecimento básico de matemática;
> 4.7 Até 2030, garantir que todos os alunos adquiram conhecimentos e habilidades necessárias para promover o desenvolvimento sustentável, inclusive, entre outros, por meio da educação para o desenvolvimento sustentável e estilos de vida sustentáveis, direitos humanos, igualdade de gênero, promoção de uma cultura de paz e não violência, cidadania global e valorização da diversidade cultural e da contribuição da cultura para o desenvolvimento sustentável;
> 4.a Construir e melhorar instalações físicas para educação, apropriadas para crianças e sensíveis às deficiências e ao gênero, e que proporcionem ambientes de aprendizagem seguros e não violentos, inclusivos e eficazes para todos;
> 4.b Até 2030, substancialmente ampliar globalmente o número de bolsas de estudo para os países em desenvolvimento, em particular os países menos desenvolvidos, pequenos Estados insulares em desenvolvimento

---

[2] "Objetivo 4. Assegurar a educação inclusiva e equitativa e de qualidade, e promover oportunidades de aprendizagem ao longo da vida para todas e todos".

e os países africanos, para o ensino superior, incluindo programas de formação profissional, de tecnologia da informação e da comunicação, técnicos, de engenharia e programas científicos em países desenvolvidos e outros países em desenvolvimento
4.c Até 2030, substancialmente aumentar o contingente de professores qualificados, inclusive por meio da cooperação internacional para a formação de professores, nos países em desenvolvimento, especialmente os países menos desenvolvidos e pequenos Estados insulares em desenvolvimento.

Sobre o tema, a Carta Magna, em seus arts. 206, inc. VII, e 211, §1º, respectivamente, dispõe que o ensino será ministrado "com base na garantia de padrão de qualidade" e estabelece a função redistributiva e supletiva da União, "de forma a garantir a equalização de oportunidades educacionais e um padrão mínimo de qualidade do ensino".

Em consonância com a Constituição Cidadã, a Lei de Diretrizes e Bases da Educação Nacional (LDB), em seu art. 4º, inc. IX, estabelece a necessidade de definição de padrões mínimos de qualidade, referidos como a variedade e quantidade mínimas, por aluno, de insumos indispensáveis ao desenvolvimento do processo de ensino-aprendizagem.

Por sua vez, o documento acerca dos Parâmetros Nacionais de Qualidade, elaborado pelo Ministério da Educação (MEC) traz a definição de "qualidade" como:

> Conceito socialmente construído, sujeito a constantes negociações; depende do contexto, baseia-se em direitos, necessidades, demandas, conhecimentos e possibilidades; a definição de critérios de qualidade está constantemente tensionada por essas diferentes perspectivas. (BRASIL, 2006, p. 24)

De acordo com o Parecer do Conselho Nacional de Educação/Comissão da Educação Básica (CNE/CEB) nº 8/2010, os parâmetros para definição do ensino de qualidade devem levar em conta, principalmente, os seguintes aspectos: qualificação adequada dos professores e remuneração condizente com a de outros profissionais com mesmo nível de formação; pessoal técnico e administrativo que garanta o bom funcionamento da escola; infraestrutura escolar adequada; e quantidade do número de alunos, por professor, que garanta o aprendizado (BRASIL, 2010).

Nessa mesma esteira, o Documento de Referência da Conferência Nacional de Educação refere-se à qualidade da educação, numa dimensão sócio-histórico-política, associando-a ao reconhecimento e valorização da diversidade, à gestão democrática e formação e valorização dos profissionais da educação. O documento remete ainda a um conjunto de variáveis que interferem na qualidade da educação e que envolvem questões macroestruturais:

> [...] como a concentração de renda, a desigualdade social, a garantia do direito à educação, bem como a análise de sistemas e instituições da educação básica, o processo de organização e gestão do trabalho educativo, que implica condição de trabalho, processos de gestão educacional, dinâmica curricular, formação e profissionalização. (BRASIL, 2008, p. 23)

Igualmente relevante é o destaque feito pelo supracitado documento acerca da importância da definição de fatores, dimensões e condições de qualidade que serão referências para a melhoria do processo educativo, além da "consolidação de mecanismos de acompanhamento da produção, implantação, monitoramento e avaliação das políticas educacionais e de seus resultados, visando fornecer educação de qualidade nos diversos níveis e modalidades" (BRASIL, 2008, p. 25).

A avaliação da eficácia e da qualidade do ensino básico brasileiro é competência do Instituto Nacional de Estudos e Pesquisas Educacionais Anísio Teixeira (Inep), vinculado ao Ministério da Educação (MEC). O Inep tem como missão promover estudos, pesquisas e avaliações sobre o sistema educacional brasileiro, elaborando ainda indicadores educacionais que permitam atribuir valor estatístico à qualidade do ensino. Especificamente, esses indicadores são úteis para o "monitoramento dos sistemas educacionais, considerando o acesso, a permanência e a aprendizagem de todos os alunos". Dessa forma, contribuem para a criação de políticas públicas voltadas para a melhoria da qualidade da educação e dos serviços oferecidos à sociedade pela escola (LIMA, 2018, p. 20).

Nesse cenário, importa trazer o destaque do Parecer CNE/CEB nº 7/2010, que estabelece Diretrizes Curriculares Nacionais para a Educação Básica, ao considerar a relevância da qualidade de ensino e sua relação com as políticas públicas:

> [...] a qualidade da educação para todos exige compromisso e responsabilidade de todos os envolvidos no processo político que o Projeto de

> Nação traçou, por meio da Constituição Federal e da LDB, cujos princípios e finalidades educacionais são desafiadores: em síntese, assegurando o direito inalienável de cada brasileiro conquistar uma formação sustentada na continuidade de estudos, ou seja, como temporalização de aprendizagens que complexifiquem a experiência de comungar sentidos que dão significado à convivência. (BRASIL, 2010, p. 9)

Ademais, os dados e estudos educacionais realizados pelo Inep são fundamentais para mensurar os resultados e impactos obtidos pelo emprego dos recursos do Fundeb e, assim, compreender se os principais objetivos do fundo (equidade e cooperação entre os entes federativos, redistribuição dos recursos vinculados à educação, garantia e melhoria da educação básica e valorização do magistério) foram, de fato, alcançados (OLIVEIRA, 2015, p. 19-20).

Com efeito, ultrapassando a mera atribuição de notas, busca-se, por meio da avaliação, verificar se os objetivos propostos para o processo de ensino-aprendizagem estão sendo alcançados. Nesse sentido, Haydt (2011, p. 216) conclui:

> Se o ato de ensinar e aprender consistem em tentar realizar esses objetivos, o ato de avaliar consiste em verificar se eles estão sendo realmente atingidos e em que grau se dá essa consecução, para ajudar o aluno a avançar na aprendizagem e na construção de seu saber. Nessa perspectiva, a avaliação assume um sentido orientador e cooperativo.

Por outro lado, Sobhi Tawil, Abdeljalil Akkari e Beatriz Macedo (2012, p. 6) identificam a concepção de avaliação ligada à qualidade como uma abordagem técnico-racional, que apenas busca avaliar a "performance" dos sistemas educacionais. Essas avaliações tiveram enorme profusão na última década e, de acordo com Salomão Ximenes (2014, p. 298), "em grande medida, essa difusão é tributária da ampliação exponencial das bases informacionais, fruto da proliferação de testes padronizados em escala global".

Essa abordagem também é criticada por Licínio Lima (2011, p. 80) que a caracteriza como "uma imagem hiperracionalista, que concebe as escolas como meros instrumentos racionais em busca da realização de objetivos não problemáticos". Em contrapartida ao modelo técnico-racional, Tawil, Akkari e Macedo (2012, p. 7) propõem um novo modelo que evidencia a "melhoria da qualidade da educação vinculada a tentativas que se realizam em um contexto definido por tensões entre as diferentes dimensões e níveis sistêmicos", denominado interação social multidimensional, conceito similar àquele já trazido neste trabalho e constante do documento *Parâmetros Nacionais de Qualidade*.

Em complementação, Salomão Ximenes (2014, p. 300) assevera:

> Enquanto os pressupostos dos modelos técnico-racionais estão na base do arranjo jurídico-institucional que caracteriza as recentes políticas públicas de promoção da qualidade educativa no País, implantadas principalmente a partir do Plano de Desenvolvimento da Educação (PDE); por outro lado, alguns pressupostos dos modelos de interação social multidimensional podem ser identificados em proposições de avaliação participativa da educação, contra-hegemônicas em relação ao uso das avaliações sistêmicas, ainda que não necessariamente descartem sua aplicação como mecanismo complementar e externo.

A avaliação ou teste padronizado, enquanto técnica econométrica que possibilita inferências sobre alguns resultados educacionais e propicia a ampliação de fontes de informação, deve ser utilizada, mas não como único critério para medição da qualidade da educação pública. É preciso levar em conta os aspectos intra e extraescolares, além de considerar as pessoas, estudantes e professores, e o ambiente em que se encontram.

Esse modelo permite que o debate sobre o aprimoramento da qualidade do ensino possa se relacionar à realidade de cada escola, com abertura para gestão democrática, pluralismo e liberdade no ensino. Todavia, a arquitetura para alcançar o padrão mínimo de qualidade não está dissociada do investimento público e, como já repisado, são necessários parâmetros para alcançar a metodologia de cálculo mais adequada.

Desse modo, impende reproduzir opinião emitida pela Unesco, no *Relatório de Monitoramento Global de Educação para Todos* (2005, p. 67) segundo o qual recursos suficientes são necessários para alcançar uma educação de qualidade aceitável:

> É evidente que os recursos em sala de aula tipicamente variam menos em países ricos do que em países em desenvolvimento. [...] os estudos parecem sugerir que fatores relativos à escola explicam mais a variação de desempenho em países em desenvolvimento do que em países industrializados, que o impacto do background socioeconômico é menor nestes últimos, e que os fatores que importam mais para o desempenho

dos alunos são um pouco diferentes. [...] Esta evidência sugere que, como seria de esperar, recursos são determinantes mais importantes do desempenho dos alunos em ambientes onde há escassez de recursos do que em ambientes mais ricos. A importância da qualidade do professor também tende a emergir mais claramente, sem dúvida porque a variação nos níveis e na qualidade do treinamento de professores, em sua competência e seu background educacional inicial é em geral muito maior nos países em desenvolvimento.

Nesse contexto, destaca-se que, após diversas discussões, surge o conceito custo aluno-qualidade (CAQ), institucionalizado e incorporado à legislação brasileira, por força da Lei nº 13.005/2014 que estabeleceu o Plano Nacional de Educação (PNE) para o período 2014-2024. O PNE explicita que o CAQ será o parâmetro para "o financiamento de todas as etapas e modalidades da Educação Básica, a partir do cálculo e do acompanhamento regular dos indicadores de gastos educacionais".

O valor financeiro do CAQ deverá ser continuamente ajustado, com base em metodologia formulada pelo MEC, acompanhado pelo Fórum Nacional de Educação (FNE), pelo Conselho Nacional de Educação (CNE) e pelas Comissões de Educação da Câmara e do Senado. Ademais, por meio da Emenda Constitucional nº 108/2020, finalmente o conceito do custo aluno-qualidade foi incorporado ao arranjo normativo-constitucional referente ao direito à educação.

Não obstante todas as nuances em torno do tema, é necessário que padrões mínimos de qualidade sejam estabelecidos e se tornem referências para o planejamento de ações com vistas à melhoria do ensino no país. Assim, cabe reforçar que o desenvolvimento da política educacional depende do binômio investimento/qualidade, ou seja, a necessária ampliação do financiamento público não deve estar desvinculada dos elementos estruturantes para construção do padrão de qualidade do processo educativo.

3.3 Os desafios do PNE 2014-2024 e a materialização do binômio investimento/qualidade

O Plano Nacional de Educação (PNE) apresenta diretrizes, metas e estratégias que visam assegurar a "manutenção e desenvolvimento do ensino em seus diversos níveis, etapas e modalidades, por meio de ações integradas dos poderes públicos das diferentes esferas federativas". A EC nº 59, de 11.11.2009, conferiu ao PNE estabilidade, uma vez que passou de uma disposição transitória da Lei de Diretrizes e Bases da Educação Nacional para uma prescrição constitucional com validade de dez anos.

De acordo com o documento *Plano Nacional de Educação 2014-2024*, publicado pela Câmara dos Deputados, o PNE é "um instrumento de planejamento do Estado Democrático de Direito, que orienta a execução e o aprimoramento de políticas públicas do setor".

O PNE traz dez diretrizes, entre elas, a melhoria da qualidade da educação, um dos maiores desafios da política educacional atualmente. Conforme explicita o documento *Linha de base do PNE 2014-2024* (BRASIL, 2015a, p. 11), a garantia do direito à educação perpassa as ideias de acesso, permanência, qualidade e níveis satisfatórios de aprendizagem:

> Em outras palavras, a garantia do direito à educação requer que ela seja significativa, isto é, dotada da qualidade que transforme a vida dos indivíduos e que esses, por sua vez, sejam capazes de modificar positivamente a sociedade. Monitorar se esse processo tem ocorrido, avaliar a sua qualidade e a das políticas que o respaldam é parte constitutiva da própria realização do direito à educação.

Ressalte-se que o PNE determina que todos os entes federativos atuem em regime de colaboração para implantar as estratégias previstas no plano. Ainda de acordo com o documento *Linha de base do PNE 2014-2024* (BRASIL, 2015a, p. 11):

> [O PNE] conferiu ao País um horizonte para o qual os esforços dos entes federativos e da sociedade civil devem convergir com a finalidade de consolidar um sistema educacional capaz de concretizar o direito à educação em sua integralidade, dissolvendo as barreiras para o acesso e a permanência, reduzindo as desigualdades, promovendo os direitos humanos e garantindo a formação para o trabalho e para o exercício autônomo da cidadania.

A ideia de um *Plano Nacional de Educação* (PNE) foi concebida, pela primeira vez no Brasil, no texto da Carta Federal de 1934. Todas as demais Constituições, com exceção da CF de 1937, incorporaram, implícita ou explicitamente, a ideia de um PNE. O primeiro PNE foi elaborado pelo "Ministério da Educação e Cultura e aprovado pelo então Conselho Federal de Educação, em 1962, como cumprimento ao estabelecido na Lei de Diretrizes e Bases da Educação Nacional – LDB, de 1961" (LIMA, 2018, p. 21).

Com a Constituição Cidadã de 1988, surge novamente a ideia de um Plano Nacional de Educação, desta vez, com força de lei, capaz de conferir estabilidade ao planejamento governamental no setor educacional. O segundo PNE, aprovado por meio da Lei nº 10.172, em 9.1.2001, vigorou até o ano de 2010.

Após o fim da vigência do PNE 2001-2010, foi encaminhado ao Congresso Nacional o Projeto de Lei nº 8.035/2010, com o objetivo de aprovar o Plano Nacional de Educação para o decênio 2011-2020. Os principais problemas identificados no plano anterior se relacionavam à sua estrutura baseada no tripé diagnóstico-diretrizes-metas, na medida em que as metas vinham desacompanhadas das estratégias necessárias para seu cumprimento, e ao grande número de metas, o que dificultava o controle social do plano.

No entanto, o projeto de lei referido foi aprovado somente em 3.6.2014 e transformado na Lei Ordinária nº 13.005, de 25.6.2014, que materializou o Plano Nacional de Educação (PNE) 2014-2024, o qual determina diretrizes, metas e estratégias para a política educacional brasileira, que deverão ser implementadas gradualmente até 2024.

De modo geral, as principais questões que envolvem o plano se referem às desigualdades educacionais, à necessidade de valorização dos profissionais da educação, à ampliação da oferta escolar, à gestão democrática do ensino, à melhoria da qualidade e o financiamento da educação.

De acordo com o documento *Planejando a próxima década – Conhecendo as 20 metas do Plano Nacional de Educação* (BRASIL, 2014, p. 7), o plano:

> representa, normalmente, reação a situações de insatisfação e, portanto, volta-se na direção da promoção de mudanças a partir de determinadas interpretações da realidade, dos problemas e das suas causas, refletindo valores, ideias, atitudes políticas e determinado projeto de sociedade.

Segundo consta da publicação intitulada *Linha de base do PNE 2014-2024* (BRASIL, 2015a, p. 12), as diretrizes podem ser tomadas como "representativas do consenso histórico de forças políticas e sociais no país, que devem balizar todos os planos, desde sua elaboração até sua avaliação final". As metas, por sua vez, podem ser definidas como as "demarcações concretas do que se espera alcançar em cada dimensão da educação brasileira". Por fim, as estratégias descrevem "os caminhos que precisam ser construídos e percorridos por meio das políticas públicas". As metas e estratégias, por serem aferíveis, possibilitam um acompanhamento objetivo de sua execução.

São diretrizes que norteiam o PNE 2014-2024:

I – a erradicação do analfabetismo;
II – a universalização do atendimento escolar;
III – a superação das desigualdades educacionais, com ênfase na promoção da cidadania e na erradicação de todas as formas de discriminação;
IV – a melhoria da qualidade da educação;
V – a formação para o trabalho e para a cidadania, com ênfase nos valores morais e éticos em que se fundamenta a sociedade;
VI – a promoção do princípio da gestão democrática da educação pública;
VII – a promoção humanística, científica, cultural e tecnológica do País;
VIII – o estabelecimento de meta de aplicação de recursos públicos em educação como proporção do Produto Interno Bruto (PIB), que assegure atendimento às necessidades de expansão, com padrão de qualidade e equidade;
IX – a valorização dos profissionais da educação; e
X – a promoção dos princípios do respeito aos direitos humanos, à diversidade e à sustentabilidade socioambiental.

O documento *Planejando a próxima década – Conhecendo as 20 metas do Plano Nacional de Educação* (BRASIL, 2014) reuniu as metas do PNE 2014-2024 em quatro grupos principais, considerando seu foco de atuação.

O primeiro grupo são metas estruturantes para a garantia do direito à educação básica com qualidade, que dizem respeito ao acesso, à universalização da alfabetização e à ampliação da escolaridade e das oportunidades educacionais. O segundo grupo de metas diz respeito especificamente à redução das desigualdades e à valorização da diversidade, caminhos imprescindíveis para a equidade. O terceiro bloco de metas trata da valorização dos profissionais da educação, considerada estratégica para que as metas anteriores sejam atingidas. Por fim, o quarto grupo de metas refere-se ao desenvolvimento do ensino superior que, regra geral, são de responsabilidade dos governos federal e estaduais, mas não deve representar descompromisso dos municípios, uma vez que no ensino superior são formados os profissionais que posteriormente atuarão nas redes de ensino municipais (BRASIL, 2014).

A fim de assegurar sua efetiva implementação, o PNE 2014-2024 fixou uma meta referente ao investimento público na área educacional (a Meta 20), com o objetivo de prover os recursos necessários ao cumprimento das demais metas do plano. Esta meta determina a ampliação do investimento público em educação pública de forma a atingir, no mínimo, o patamar de 7% do produto interno bruto (PIB) no quinto ano de vigência da lei e, no mínimo, o equivalente a 10% do PIB ao final do decênio. Consoante aduz o documento Plano Nacional de Educação 2014-2024 (BRASIL, 2014, p. 23):

> A Meta 20 existe para garantir todas as outras metas que trazem as perspectivas de avanço para a educação brasileira, nas dimensões da universalização e ampliação do acesso, qualidade e equidade em todos os níveis e etapas da educação básica, e à luz de diretrizes como a superação das desigualdades, valorização dos profissionais da educação e gestão democrática. O desafio é a execução, para que sejam cumpridas as vinte metas, a partir de suas 254 estratégias. É preciso completar o processo de planejamento tendo em vista a organização federativa do Estado brasileiro, com a elaboração e o alinhamento dos planos de educação decenais dos estados e municípios.

Com efeito, o financiamento da política educacional é primordial para assegurar acesso, permanência, estrutura adequada, valorização dos profissionais e processos de organização e gestão direcionados ao aprimoramento da qualidade da educação pública no país.

Ao tratar especificamente da Meta 20, o Plano Nacional de Educação (PNE) 2014-2024 elencou doze estratégias para viabilizar a consecução desta meta, entre as quais se destacam:

> [...] garantir fontes de financiamento permanentes e sustentáveis para todos os níveis, etapas e modalidades da educação básica, observando-se as políticas de colaboração entre os entes federados, com vistas a

atender suas demandas educacionais à luz do padrão de qualidade nacional; aperfeiçoar e ampliar os mecanismos de acompanhamento da arrecadação da contribuição social do salário-educação; fortalecer os mecanismos que assegurem a transparência e o controle social na utilização de recursos públicos aplicados em educação; e definir critérios para distribuição dos recursos adicionais dirigidos à educação ao longo do decênio, que considerem a equalização das oportunidades educacionais, a vulnerabilidade socioeconômica e o compromisso técnico e de gestão do sistema de ensino.

Outrossim, algumas estratégias da Meta 20 do Plano Nacional de Educação fazem referência direta aos conceitos de custo aluno-qualidade e custo aluno-qualidade inicial (CAQ e CAQi), parâmetros para o financiamento da educação, com a orientação de efetivar em 2 anos, a partir da aprovação da lei, a implementação do CAQi, que deveria ser referenciado no conjunto de padrões mínimos estabelecidos na legislação educacional. O financiamento dependeria da fixação de insumos educacionais indispensáveis ao processo de ensino-aprendizagem e seria progressivamente reajustado até a implementação plena do custo aluno-qualidade, a ser definido no prazo de 3 anos. No entanto, o CAQi nunca foi implementado. Atualmente, o conceito custo aluno-qualidade foi incorporado ao texto constitucional, no entanto, ainda depende de regulamentação.

Nessa esteira, destacam-se constatações do Tribunal de Contas da União, elencadas no Acórdão nº 1.048/2020, no qual alerta para o comprometimento estrutural do alcance das metas e estratégias insertas no PNE:

> 32. O resultado disso está evidenciado em recente análise realizada pelo próprio MEC sobre a tendência de cumprimento do PNE 2014-2024, considerando o histórico de avanço desde o início de sua vigência (peças 145, 147 e 148), na qual consta a seguinte projeção de alcance de suas metas, até o seu prazo final: a) não foram ou não serão alcançadas: metas 2, 3,4, 5, 6, 9, 10, 12, 15, 16, 17 e 19; b) serão alcançadas parcialmente: metas 1, 7, 8, 11 e 18 (a análise foi inconclusiva quanto à previsão do alcance integral da meta, porém um indicador já foi atingido); c) serão alcançadas ou já foram alcançadas: metas 13 e 14; d) análise inconclusiva em relação à meta 20, pois apresentou somente dados elaborados pelo Inep em relação ao PIB de 2015, além de críticas à falta de estudos relacionados à capacidade operacional dos sistemas de ensino, estimativas de custos ou disponibilidades orçamentárias dos entes federados, ou análise de exequibilidade quando da definição da

meta de investimento público em educação pública, de forma a atingir 7% e depois 10% do PIB no fim do plano.

33. Contribuiu para o avanço insatisfatório do PNE 2014-2024, ademais, a baixa atuação do MEC em seu papel de coordenador da política educacional, liderando e estimulando o regime de colaboração entre os demais entes federativos, com vistas ao alcance das metas educacionais no prazo previsto.

Ademais, cumpre mencionar decisão do Plenário daquela Corte – Acórdão nº 522/2021, o qual cientifica o "MEC de que a situação da não implementação por completo do Sinaeb[3] e da não regulamentação do CAQi afronta, respectivamente, o disposto no art. 11 e nas estratégias 20.6 e 20.8 da Lei 13.005/2014, que trata do Plano Nacional de Educação 2014-2024".

Desse modo, é imprescindível ressaltar que a garantia de investimento satisfatório para a educação, a regulamentação do custo aluno-qualidade, a materialização do PNE, o controle social e a boa gestão e uso dos recursos públicos são alicerces para a melhoria da qualidade do ensino público e para superação das desigualdades regionais, visando à promoção da equidade.

---

[3] Sinaeb – Sistema Nacional de Avaliação da Educação Básica.

CAPÍTULO 4

CUSTO ALUNO-QUALIDADE E A INVERSÃO DA LÓGICA DE INVESTIMENTO DA EDUCAÇÃO BÁSICA NO BRASIL

4.1 O custo aluno-qualidade: conceito

O CAQi (custo aluno-qualidade inicial) é um indicador que mostra qual valor deve ser investido ao ano por aluno de cada etapa e modalidade da educação básica. Com efeito, o CAQi se vincula ao padrão mínimo de qualidade e por isso consta como custo inicial. Por sua vez, o CAQ (custo aluno-qualidade) se refere ao patamar ideal que deve ser atingido em termos de financiamento para consecução de uma educação pública de qualidade.

Desse modo, conforme explica a Campanha Nacional pelo Direito à Educação (CNDE), no livro intitulado *CAQi e CAQ no PNE: quanto custa a educação pública de qualidade no Brasil*, publicado no ano de 2018, o CAQ "considera o caráter dinâmico do conceito de custo por aluno e também a capacidade econômica do Brasil, posicionado como uma das maiores economias do mundo". Assim, o CAQ é "o padrão de qualidade que se aproxima dos padrões de oferta dos países mais desenvolvidos em termos educacionais" (CARA, 2018, p. 19).

Nesse contexto, cumpre destacar que a sociedade civil, por meio da Campanha Nacional pelo Direito à Educação, lançou a proposta do CAQi no ano de 2007, cuja metodologia havia sido extensivamente debatida com pesquisadores do campo educacional. Considerando a importância da iniciativa, o Conselho Nacional de

Educação (CNE), por meio do Parecer CNE/Câmara de Educação Básica (CEB) nº 8, de 2010, firmou uma parceria com a campanha a fim de tornar o CAQi uma estratégia nacional para atingir os parâmetros de uma educação de qualidade no país.

O CAQi e o CAQ são instrumentos que buscam a inversão da lógica de financiamento da educação, partindo das necessidades reais das escolas para estabelecer o valor que precisa ser investido por aluno ao ano:

> [...] o investimento, antes subordinado à disponibilidade orçamentária mínima prevista na vinculação constitucional de recursos alocados para a área, passa a ser pautado pela necessidade de investimento por aluno para que seja garantido, de fato, um padrão mínimo de qualidade em todas as escolas públicas brasileiras. (CAMPANHA NACIONAL PELO DIREITO À EDUCAÇÃO, 2018, p. 11)

Ainda de acordo com a Campanha Nacional pelo Direito à Educação (2018, p. 18):

> A ideia principal é que a garantia de insumos adequados é condição necessária – ainda que não suficiente, para o cumprimento do direito humano à educação e para a qualidade do ensino. Segundo o regime de proteção ao direito humano à educação de qualidade, o CAQi é fórmula do padrão mínimo aceitável, abaixo do qual há evidente violação ao preceito constitucional. Entende-se que abaixo desse padrão mínimo o direito à educação não pode ser efetivamente garantido.

Com efeito, a escolha da estratégia de cálculo por meio do conceito de custo aluno-qualidade dividiu opiniões. De um lado, autores afirmam que nem sempre é possível vincular investimento em insumos com a melhoria dos resultados da qualidade educacional, que tem como premissa o direito à aprendizagem. Para Ranieri e Cruz, (2020, p. 2): "alocar recursos para a construção de uma biblioteca, comprar livros e ter bibliotecária não garante alunos leitores e melhores resultados na aprendizagem".

Afirmam, outrossim, que os insumos que compõem os indicadores podem gerar uma padronização das escolas, uma vez que "desconsidera a diversidade brasileira e de estratégias educacionais, bem como a heterogênea capacidade fiscal dos entes federados" (RANIERI; CRUZ, 2020, p. 2).

Em contraponto, alguns autores alegam que o CAQ e o CAQi não padronizam, ao contrário, devem envolver diversos atores, respeitando as características e necessidades locais.

Outro argumento em defesa do CAQ se refere à importância da sua construção de maneira progressiva e contextualizada, de modo a garantir condições materiais e profissionais para que o direito à educação aconteça, dentro de uma perspectiva alinhada à legislação e visando a uma oferta de educação com qualidade. Nesse sentido, a lição de Marques e Nogueira (2019, p. 387):

> Com transparência de resultados na avaliação das condições de oferta e conhecendo o real valor por aluno disponível, a sociedade poderá cobrar e responsabilizar os gestores.
> A construção do novo Fundo, ancorada no conceito de CAQ, deverá ampliar a qualidade e a eficiência do controle social e dos competentes órgãos de fiscalização, tornando mais visível a capacidade de investimento de cada ente federativo e melhorando a tradução dos investimentos em entregas objetivas de serviços educacionais, com melhores condições de trabalho nas redes de ensino e com qualidade de aprendizagem, direito constitucional de todas e todos no Brasil.

A estratégia do CAQ se assemelha a mecanismos de financiamento de nações desenvolvidas, os quais priorizam a precificação dos insumos necessários para garantir uma educação de qualidade, estimando custos/despesas e direcionando a composição do orçamento (CAMPANHA NACIONAL PELO DIREITO À EDUCAÇÃO, 2020, p. 7).

Cumpre ressaltar que críticos do conceito custo aluno-qualidade asseveram que o fato de o CAQ ser baseado em insumos pode levar ao risco de judicialização, ou seja, ações contra estados e municípios que não cumprirem a lista de insumos. Para os defensores, de outra monta, o CAQ evitaria justamente a judicialização, na medida em que indica os insumos em que os recursos devem ser investidos. Por isso, seria um mecanismo de apoio à gestão pública, permitindo aos gestores organizar os investimentos e definir prioridades. Não se trata de uma concepção minimalista de simples listagem de itens, mas sim de precificação e orientação orçamentária que servirá como apoio para definição adequada dos gastos com educação de forma qualitativa.

Nesse contexto, José Marcelino de Rezende Pinto destaca:

> O consenso que se estabeleceu é que a qualidade do ensino, em um sistema de educação de massa, está associada à qualidade dos processos de ensino e de aprendizagem e que a qualidade desses processos está associada à qualidade dos insumos. Em outras palavras, a ideia central é que a garantia de insumos adequados é condição necessária (embora possa não ser suficiente) para a qualidade do ensino. (PINTO, 2006, p. 211)

Como será visto adiante, algumas propostas de metodologia foram criadas para calcular e implementar o custo aluno-qualidade, no entanto, nenhuma delas é oficial ou foi adotada pelo Ministério da Educação, carecendo ainda de regulamentação neste sentido.

É inegável que há um grande desafio para o estabelecimento de uma metodologia adequada e voltada à promoção de amplo acordo nacional sobre os parâmetros destes valores, além do necessário compromisso dos gestores para efetivação dos padrões de qualidade.

De fato, a composição desse custo deve privilegiar a formação docente e os processos de avaliação de aprendizagem, a infraestrutura dos estabelecimentos escolares, a valorização salarial dos profissionais da educação, a consolidação da gestão democrática, e ainda deve privilegiar a oferta de material didático, transporte, alimentação e vestuário.

O estabelecimento do custo aluno-qualidade é premente e urgente no país, uma vez que são abissais as desigualdades nas condições de oferta entre as redes de ensino dos diferentes entes federativos e, além disso, as condições para que uma escola possa assegurar efetivamente o direito à educação perpassa a fixação dos padrões referentes ao CAQ, não bastando apenas o aumento na disponibilidade de recursos, mas que esse acréscimo seja tangenciado por parâmetros que auxiliam a gestão e execução dos recursos e também adequada fiscalização e controle social.

4.2 Os parâmetros para implementação do custo aluno-qualidade

Consoante repisado anteriormente, a Constituição Federal de 1988, em seu art. 206 e a LDB, em seu art. 4º, exigem padrão mínimo de qualidade da educação básica pública brasileira.

Todavia, ainda não há definição concreta de quais são os insumos indispensáveis, por aluno, para o desenvolvimento do processo de ensino e aprendizagem de modo a atingir o grau de qualidade necessário no ensino.

Parâmetros com essa finalidade foram adotados pelo Conselho Nacional de Educação mediante o Parecer CNE/CEB nº 8/2010 (qualificação e remuneração adequada dos professores e demais profissionais da educação; infraestrutura escolar adequada; número de alunos por professor que garanta aprendizado, material didático, alimentação, transporte escolar, entre outros), que serviram como referência para a construção de uma proposta de matriz do custo aluno-qualidade inicial, à época desenvolvida pela Campanha Nacional pelo Direito à Educação, com apoio da União Nacional dos Dirigentes Municipais de Educação (Undime) e da Confederação Nacional dos Trabalhadores em Educação (CNTE). No entanto, o referido parecer não foi homologado pelo Ministério da Educação, o que conduziu o CNE ao reexame da análise, com emissão de novo parecer (CNE/CBE nº 03/2019), cujos aspectos serão tratados mais à frente.

Também nessa linha, o Plano Nacional de Educação (PNE 2014-2024), instituído pela Lei nº 13.005, de 25.1.2014, trouxe critérios voltados para a implementação do custo aluno-qualidade. Vale destacar que o PNE determina diretrizes, metas e estratégias para a política educacional, a serem implementadas gradualmente até 2024 e, nessa esteira, indica o CAQ como parâmetro para o financiamento de todas as etapas e modalidades da educação básica, a partir do cálculo e do acompanhamento regular dos indicadores de gastos educacionais (Estratégia 20.7 do Plano Nacional de Educação).

Com efeito, as metas indicadas no PNE traduzem grande desafio no âmbito da educação pública no país. Segundo o documento *Linha de base do PNE 2014-2024* (BRASIL, 2015a, p. 336), "o cumprimento das metas do PNE depende da manutenção de um ritmo forte de crescimento dos investimentos em educação, o que demandará efetivo comprometimento, não só da União, mas também dos sistemas subnacionais".

De acordo com o Plano Nacional de Educação 2014-2024 (metas 20.10 e 20.12), caberá a União complementar os recursos financeiros aos entes subnacionais que não atingirem o valor mínimo definido (CAQi) e, posteriormente do CAQ. Em adição, ao Governo federal também competirá "definir critérios para distribuição dos recursos adicionais dirigidos à educação ao longo do decênio, que considerem a equalização das oportunidades educacionais, a vulnerabilidade socioeconômica e o compromisso técnico e de gestão do sistema de ensino".

Consoante estabelecido no Plano Nacional de Educação 2014-2024, algumas estratégias tratam especificamente dos desdobramentos do CAQi e do CAQ, senão veja-se:

> Meta 20: ampliar o investimento público em educação pública de forma a atingir, no mínimo, o patamar de 7% (sete por cento) do Produto Interno Bruto – PIB do País no 5º (quinto) ano de vigência desta Lei e, no mínimo, o equivalente a 10% (dez por cento) do PIB ao final do decênio. Estratégias: [...]
> 20.6) no prazo de 2 (dois) anos da vigência deste PNE, será implantado o Custo Aluno-Qualidade inicial – CAQi, referenciado no conjunto de padrões mínimos estabelecidos na legislação educacional e cujo financiamento será calculado com base nos respectivos insumos indispensáveis ao processo de ensino-aprendizagem e será progressivamente reajustado até a implementação plena do Custo Aluno-Qualidade – CAQ;
> 20.7) implementar o Custo Aluno-Qualidade – CAQ como parâmetro para o financiamento da educação de todas etapas e modalidades da educação básica, a partir do cálculo e do acompanhamento regular dos indicadores de gastos educacionais com investimentos em qualificação e remuneração do pessoal docente e dos demais profissionais da educação pública, em aquisição, manutenção, construção e conservação de instalações e equipamentos necessários ao ensino e alimentação e transporte escolar;
> 20.8) o CAQ será definido no prazo de 3 (três) anos e será continuamente ajustado, com base em metodologia formulada pelo Ministério da Educação – MEC, e acompanhado pelo Fórum Nacional de Educação – FNE, pelo Conselho Nacional de Educação – CNE e pelas Comissões de Educação da Câmara dos Deputados e de Educação, Cultura e Esportes do Senado Federal; [...]
> 20.10) caberá à União, na forma da lei, a complementação de recursos financeiros a todos os Estados, ao Distrito Federal e aos Municípios que não conseguirem atingir o valor do CAQi e, posteriormente, do CAQ.

Segundo Bruna Lima (2018, p. 20), a Meta 20, que estabelece recursos financeiros voltados para a educação pública de, no mínimo, 10% do PIB até 2024, determina um intenso aumento de recursos públicos "que, por sua vez, pressupõe um rearranjo governamental, tornando necessária a participação de cada esfera de gestão no esforço de elevação dos investimentos".

Ressalte-se que, além da Meta 20, a Meta 7 do PNE também estabelece estratégias que incluem o CAQ, a saber:

Meta 7 [...]
Estratégias:
7.21) a União, em regime de colaboração com os entes federados subnacionais, estabelecerá, no prazo de 2 (dois) anos contados da publicação desta Lei, parâmetros mínimos de qualidade dos serviços da educação básica, a serem utilizados como referência para infraestrutura das escolas, recursos pedagógicos, entre outros insumos relevantes, bem como instrumento para adoção de medidas para a melhoria da qualidade do ensino; [...].

Tais estratégias discutem a qualidade da educação básica, definindo o que é indispensável assegurar a todas as escolas, por meio do estabelecimento de parâmetros mínimos de qualidade dos itens que serão utilizados como referência para o financiamento e para a adoção de medidas de melhoria do ensino público.

Neste contexto, cumpre destacar que o Ministério da Educação (MEC) instituiu a Comissão Interinstitucional para Implementação do CAQi e CAQ, por meio da Portaria MEC nº 142, de 16.3.2016. Uma das atribuições da comissão era analisar os estudos produzidos pelo Grupo de Trabalho do MEC, instituído pela Portaria MEC nº 459, de 2015. Também eram atribuições da comissão compatibilizar a proposta institucional de CAQi e CAQ com a legislação de financiamento da educação, assim como com as deliberações da Conferência Nacional de Educação (Conae) e com os estudos produzidos pelo GT do MEC a respeito do assunto (BRASIL, 2016).

Essa comissão teria dois anos de trabalho, tempo em que se definiria a metodologia de cálculo e a proposta de mecanismos federativos de cooperação e colaboração para implementação do CAQi e CAQ, além do levantamento de fontes de financiamento para viabilizá-los (BRASIL, 2016).

Cabe destacar os princípios fundantes do custo aluno-qualidade, na opinião do retromencionado Grupo de Trabalho do Ministério da Educação:

a) Referenciais nacionais de qualidade para a oferta da Educação Básica, da forma como são previstos na Constituição e na LDB, são

elementos estruturantes do Sistema Nacional de Educação a ser instituído.
b) A garantia de insumos adequados é condição necessária – embora não suficiente – para a qualidade do ensino, que se concretiza quando são garantidas as oportunidades educacionais e os aprendizados.
c) A transposição da abordagem de "custo aluno ano" para "custo aluno qualidade" exige que o sentido do termo "qualidade" seja definido. Trata-se de um conceito polissêmico, historicamente construído e em disputa.
d) Os referenciais nacionais de qualidade embutidos no CAQi e no CAQ deverão se vincular de forma orgânica com o Sistema Nacional de Avaliação da Educação Básica, na perspectiva do desenvolvimento de mecanismos permanentes de aprimoramento dos indicadores educacionais, tanto daqueles relativos ao desempenho dos estudantes quanto daqueles de avaliação institucional, em consonância com o Artigo 11 da Lei 13.005/2014 (PNE).
e) O princípio da equidade exige que a função redistributiva e supletiva da União se faça presente para assegurar condições de oferta semelhantes nas creches e escolas públicas de todo o país, com ações que possibilitem a presença daquilo que se defina como o necessário a um referencial nacional básico de qualidade na oferta da Educação Básica.
f) O CAQi e o CAQ são estratégias de financiamento que se concretizam como instrumentos de equalização para a garantia do direito à educação de qualidade no federalismo brasileiro. Os referenciais nacionais de qualidade embutidos no CAQi e no CAQ, portanto, deverão orientar a ação redistributiva e supletiva da União, depois de serem amplamente pactuados.
g) Os padrões mínimos devem constituir o CAQi, a ser progressivamente ajustado até a implementação plena do CAQ, nos termos da Estratégia 20.6 do PNE.
h) O novo quadro a ser construído deverá considerar uma ampliação do aporte de recursos da União, nos limites orçamentários, além da necessária revisão dos programas universais e focalizados, utilizados no exercício da função supletiva.
i) A ampliação do aporte de recursos da União deve assegurar a efetividade da Lei 11.738/2008 (PSPN).
j) O efeito equalizador decorrente da maior participação da União no aporte de recursos não poderá reduzir a eficiência fiscal federativa, "acomodando" estados e municípios com baixo esforço de arrecadação e desestimulando aqueles que já realizam efetivo esforço e destinação de recursos para a Educação Básica.
k) A ampliação dos recursos para os entes federativos também deve acontecer de forma articulada ao aperfeiçoamento de mecanismos de melhoria da gestão das redes e sistemas de ensino.
l) O CAQ deve resultar em uma "descentralização qualificada", fortalecendo a autonomia dos entes federativos e das escolas e ampliando a participação social local, ao mesmo tempo reforçando o

papel estratégico do Ministério da Educação, que deverá se afastar cada vez mais dos aspectos operacionais e específicos de cada rede.

m) O CAQi e o CAQ deverão ampliar a qualidade e a eficiência do controle social e dos competentes órgãos de fiscalização, tornando mais visível a capacidade de investimento de cada ente federativo e melhorando a tradução dos investimentos em entregas objetivas de serviços educacionais. (BRASIL, 2015b, p. 41)

A verificação dos princípios fundantes, de acordo com o GT do Ministério da Educação, permite visualizar o caminho ideal a ser percorrido para alcançar o padrão de qualidade na educação pública do país. Foram trazidos conceitos-chave fundamentais para o aprimoramento de todo o processo de ensino e aprendizagem como equidade, qualidade, redistribuição, eficiência do controle social, descentralização qualificada e aperfeiçoamento de indicadores educacionais.

Neste diapasão, o Grupo de Trabalho propôs, então, de modo preliminar, 6 (seis) dimensões para aferição da qualidade na oferta escolar. O grupo descreveu ainda, para cada dimensão, princípios, referenciais, componentes e indicadores.

As dimensões são: acesso, jornada escolar, profissionais da educação, instalações e recursos educacionais, democracia (atendimento, gestão e controle social) e rede de relações.

Para o acesso, restou estabelecido que devem ser garantidas aos alunos condições de acesso e permanência no ambiente escolar, incluídos os componentes de disponibilidade de vaga próximo à residência do educando ou transporte público/escolar que possibilite o deslocamento entre residência e escola sem custo (BRASIL, 2015b, p. 45). Sobre a jornada escolar, os parâmetros delineados seguem uma referência temporal, de disponibilidade de horas para cumprimento curricular de acordo com os objetivos de aprendizagem almejados (BRASIL, 2015b, p. 46).

Outro aspecto determinante indicado pelo grupo se relaciona com os profissionais da educação. Neste ponto, devem ser valorizados o aperfeiçoamento e a formação continuada dos professores, tempo disponível necessário para planejamento adequado das aulas, das avaliações e também de modo a ter contato com pais e a comunidade escolar. O grupo destaca ainda que "escolas grandes demais e turmas muito numerosas depreciam a qualidade da experiência educacional" (BRASIL, 2015b, p. 47).

Quanto à questão dos recursos e instalações educacionais, observa-se a infraestrutura escolar, como salas de aula, refeitório, biblioteca, sala dos professores, quadra poliesportiva; os recursos físicos e educacionais disponíveis, como computadores, projetores, mobiliário, conexão e velocidade da internet, material didático físicos e digitais (BRASIL, 2015b, p. 48).

De acordo com alarmantes dados do Censo Escolar de 2017, do total de escolas que oferecem ensino fundamental, apenas 41,6% contam com rede de esgoto, e 52,3%, com fossa. A garantia de água ocorre por meio da rede pública de abastecimento na maior parte dos casos (65,8%), mas há escolas abastecidas por poço artesiano (17,4%), cacimba, poço ou cisterna (11,9%), ou diretamente por rios, córregos ou outros canais (6,2%). Em 10% delas, não há água, energia ou esgoto. Apenas 46,8% das escolas dispõem de laboratório de informática; 65,6% têm acesso à internet; em 53,5%, a internet é por banda larga.

Atenta-se ainda para a importância da democracia no ambiente de ensino, de forma a inserir a comunidade escolar no processo de tomada de decisão referente a projetos pedagógicos, priorizando processos de gestão participativos e controle social efetivo, tendo-se como exemplo implantação e funcionamento dos órgãos colegiados de gestão com pleno acesso a todas as informações escolares, e de associações de pais e grêmios estudantis (BRASIL, 2015b, p. 50).

Por fim, é necessário ressaltar a dimensão sobre rede de relações, que especifica maneiras de compartilhamento de informações, atividades conjuntas e intercâmbios de experiências com outras organizações associativas e culturais. Para esta dimensão, o grupo elenca componentes como "criação ou filiação a redes de cooperação profissional e de intercâmbio", e ainda, "pesquisas sobre a comunidade na qual a escola está inserida e desenvolvimento de projetos comunitários liderados por professores e estudantes e articulação com outros serviços públicos que atendem as mesmas famílias" (BRASIL, 2015b, p. 51).

Ao final do trabalho, o grupo mencionado apresentou um possível mecanismo de implantação do custo aluno-qualidade inicial e a análise de sua viabilidade, destacando fatores condicionantes de natureza técnica, financeira e política, que deveriam ser viabilizados por meio do Ministério da Educação.

Apresentam-se a seguir as 13 recomendações feitas pelo Grupo de Trabalho ao Ministro da Educação:

RECOMENDAÇÕES PARA APRECIAÇÃO DO MINISTRO

1 – A proposta aqui apresentada como ensaio, se aprovada em linhas gerais pelo Ministro, deve ser aperfeiçoada com as demais secretarias do MEC e com a CAPES, para que haja realmente acordo interno envolvendo todos os setores do Ministério.

2 – A definição dos Parâmetros Nacionais para a Qualidade da Oferta da Educação Básica é um trabalho que deve ser coordenado pela Secretaria de Educação Básica, com apoio dos diferentes setores do MEC e órgãos vinculados, sendo especialmente recomendável o trabalho conjunto com o INEP para a construção do Sistema Nacional de Avaliação da Educação Básica, como dispõe o Artigo 9º da lei do PNE.

3 – Construída uma proposta inicial, com apoio de estudos acadêmicos e utilizando informações do Censo Escolar da Educação Básica, os Parâmetros Nacionais para a Qualidade da Oferta da Educação Básica deverão ser pactuados com UNDIME e CONSED, ouvidos os diferentes atores envolvidos no debate do CAQi/CAQ e enviados ao Conselho Nacional de Educação.

4 – Os estudos relativos aos custos associados aos diferentes padrões em cada dimensão considerada nos Parâmetros Nacionais para a Qualidade da Oferta da Educação Básica deverão ser realizados à medida em que estes Parâmetros forem sendo elaborados e devem ser finalizados em prazo concomitante.

5 – A realização dos estudos de custos atualmente praticados é um trabalho que deve ser coordenado pelo INEP, com apoio de estudos acadêmicos e dos diferentes setores do MEC e órgãos vinculados, sendo especialmente recomendável o trabalho conjunto com a SASE, para que acordos e validações sucessivas sejam construídos com UNDIME e CONSED, no âmbito da Instância de Negociação Federativa, conforme dispõe o Artigo 7º do PNE.

6 – No INEP é recomendável que se fortaleça um núcleo de produção contínua de estudos sobre custos em educação, produzindo informações anuais imprescindíveis para todas as etapas de planejamento e execução dos gastos públicos no Sistema Nacional de Educação.

7 – As estimativas necessárias para o início da implementação do CAQi devem ser imediatas. Uma vez concluídos os acordos para a construção dos Parâmetros Nacionais para a Qualidade da Oferta de Educação Básica e os custos correspondentes a cada escala definida, as estimativas e propostas aqui apresentadas deverão ser revistas.

8 – O GT propõe que o CAQi seja concretizado com a ampliação paulatina da complementação da União no FUNDEB, seguindo as regras atuais e desenvolvendo com as redes de ensino mais frágeis uma ação suplementar extraordinária, no período 2017/2020. Nestas mesmas redes de ensino, uma ação especial de assistência técnica para fortalecimento da gestão deve ser desenvolvida.

9 – Um período de transição do atual modelo de ação supletiva para o novo deve ser imediatamente iniciado, com avaliação e revisão dos programas de assistência financeira e seus desenho de distribuição, respeitados os compromissos já assumidos.

10 – O MEC deve elaborar uma proposta de regulamentação do uso dos recursos do petróleo para dialogar com a Casa Civil e Ministérios do Planejamento e da Fazenda.

11 – É recomendável que haja fortalecimento político do processo de assistência técnica aos estados, municípios e ao Distrito Federal para elaboração ou adequação dos planos de cargos e salários, sob a responsabilidade da SASE, considerando que os maiores custos se referem a pagamento de pessoal e que grande parte da qualidade se garantirá com profissionais valorizados e engajados com o efetivo aprendizado dos estudantes.

12 – O desenho final do mecanismo de implantação do CAQi e do CAQ deve considerar o necessário acompanhamento do Fórum Nacional de Educação – FNE, do Conselho Nacional de Educação – CNE e das Comissões de Educação da Câmara dos Deputados e de Educação, Cultura e Esportes do Senado Federal, conforme previsto na Estratégia 20.8 do PNE.

13 – É importante o fortalecimento político da agenda instituinte do SNE, pois o CAQi/CAQ e o Sistema Nacional de Avaliação da Educação Básica são estruturantes do sistema a ser instituído até junho de 2016, como define o Artigo 13 do PNE. Uma Comissão de acompanhamento da implantação do CAQi também é especialmente recomendável.

Com essa estratégia, seria possível qualificar o debate do MEC com o Conselho Nacional e conselhos estaduais e municipais de educação, com dirigentes estaduais e municipais, com o Fórum Nacional de Educação, com as comissões de educação da Câmara e do Senado e com a sociedade em geral, com vistas ao cumprimento das estratégias 20.6, 20.7, 20.8 e 20.10 da Lei nº 13.005/2014 (PNE).

Contudo, os avanços para efetiva implementação do CAQi não foram muito significativos no período, e os prazos projetados pelo grupo não foram cumpridos. Com efeito, em março de 2018, o MEC instituiu o Comitê Permanente de Avaliação de Custos na Educação Básica do Ministério da Educação (CPACEB), extinguindo a comissão anterior e determinando as seguintes atribuições: avaliação da viabilidade de implementação do custo aluno-qualidade; análise de mecanismos federativos de cooperação; levantamento de fontes de financiamento para viabilizar a implementação do CAQ; acompanhamento e avaliação de proposições legislativas relacionadas ao financiamento da educação básica.

Ainda dentro deste contexto, cabe destacar que o Conselho Nacional de Educação reavaliou o Parecer nº 8/2010, por meio do Parecer CNE/CBE nº 3/2019, no qual a Relatora Maria Helena Guimarães de Castro proferiu o seguinte voto:

> Voto contrariamente à competência da Câmara de Educação Básica do CNE para definir o valor financeiro e a precificação do Custo Aluno Qualidade Inicial, exercida notadamente no Parecer CNE/CEB nº 8/2010, e submeto à Câmara de Educação Básica do CNE, para aprovação, o presente Parecer, de caráter conceitual e orientativo, construído a partir da análise da realidade brasileira, em conformidade com a Constituição Federal e as leis em vigor, no âmbito das atribuições estabelecidas no art. 7º da Lei nº 9.131, de 24 de novembro de 1995, e no Regimento Interno do CNE.

Por meio deste parecer, portanto, o Conselho Nacional de Educação passa para o MEC a obrigação de calcular e implementar o CAQi e o CAQ e revoga o Parecer nº 8/2010, que até então se encontrava pendente de homologação.

Outrossim, importa reproduzir passagem extraída do Parecer CNE/CBE nº 3/2019, destacando as principais diferenças entre as propostas exaradas no parecer anterior e as conclusões do Grupo de Trabalho do MEC – Portaria MEC nº 459, de 2015 (BRASIL, 2019, p. 17-18):

> A proposta do MEC, apresentada no Relatório Final do GT/CAQ/MEC (2015), não destoa, em termos conceituais, dos estudos existentes sobre o assunto. Ali a concepção de qualidade é tomada a partir de condições tangíveis e não tangíveis, exatamente como também concebem os estudos e propostas citadas.
> No relatório citado, as condições objetivas se referem à infraestrutura, profissionais qualificados, projeto pedagógico coletivamente construído e assistência suplementar aos alunos, como alimentação e transporte, por exemplo. As não objetivas, por sua vez, dizem respeito a questões como ênfase e expectativa no aprendizado dos estudantes, responsabilidades e direitos definidos, liderança firme e participativa, monitoramento contínuo, profissionais valorizados, envolvimento da comunidade atendida e busca de aperfeiçoamento contínuo das relações democráticas. [...]
> Da mesma forma que a proposta presente no Parecer CNE/CEB nº 8/2010, assume-se que as condições objetivas (ou tangíveis), traduzidas em insumos educacionais, demandam recursos públicos que nem sempre estão disponíveis de forma concreta na unidade educativa. Assume-se também que a organização do financiamento educacional precisa necessariamente considerar também aspectos ou dimensões que vão além dos insumos se se almeja incremento de qualidade na oferta. Por esta razão a proposta trata dos Referenciais Nacionais de Qualidade da Oferta, organizados em seis dimensões: acesso, jornada

escolar, profissionais, instalações e recursos educacionais, democracia e rede de relações.

Tratadas de outra forma, estas preocupações estão presentes também no Parecer CNE/CEB nº 8/2010 do CNE. *A diferença, no desenho do GT/CAQ/MEC (2015), é que os Referenciais Nacionais de Qualidade de Oferta, concretizados nestas dimensões, se vinculam de forma orgânica com o Sistema Nacional de Avaliação da Educação Básica (Sinaeb), cuja criação está prevista na Lei do PNE.* A perspectiva a ser alcançada é o desenvolvimento de mecanismos permanentes de aprimoramento dos indicadores educacionais, tanto daqueles relativos ao desempenho dos estudantes quanto daqueles de avaliação institucional, em consonância com o artigo 11 da Lei nº 13.005/2014 (PNE).

Assim, caberia ao MEC/SEB e ao Inep oferecerem ao CNE uma proposta inicial de Referenciais Nacionais de Qualidade de Oferta, com suas dimensões e indicadores. O CNE, em articulação com Conselhos Estaduais (FNCE) e municipais (UNCME), poderia discutir a proposta em todo o país, para que, posteriormente, ao ser aprovada, se transformasse nas diretrizes orientadoras do Sistema Nacional de Avaliação.

Outro ponto importante da proposta é a concepção de que o princípio da equidade exige que a função redistributiva e supletiva da União se faça presente para assegurar condições de oferta semelhantes nas creches e escolas públicas de todo o país, com ações que possibilitem a presença daquilo que se define como o necessário a um referencial nacional básico, que inclua não apenas insumos educacionais, mas também capacidade de gestão e outras dimensões não tangíveis. Também, aqui, a princípio, não há desacordo com o Parecer CNE/CEB nº 8/2010. *A diferença principal, entretanto, é que o Parecer CNE/CEB nº 8/2010 considera o Fundeb como o instrumento adequado para a operacionalização do CAQi; a proposta do MEC, por sua vez, considera o atual Fundeb importante, porém insuficiente para organizar a passagem de valor mínimo aluno/ano para CAQi.* Seria necessário considerar a totalidade de recursos atualmente vinculados à educação de cada ente federativo, além de corrigir algumas das distorções redistributivas do Fundo de Manutenção. (Grifos nossos)

Acerca deste tema, cumpre salientar que a ideia de modelo híbrido, conjugando o Fundeb com demais recursos disponíveis vinculados à educação nas redes municipais, estaduais ou distritais, foi incorporada ao arranjo normativo constitucional, por meio da EC nº 108/2020. Explica-se. De acordo com a emenda constitucional, a suplementação do Governo federal deverá aumentar em 13 pontos percentuais, totalizando, até 2026, 23%.

Os primeiros 10 pontos percentuais dos recursos federais suplementares serão distribuídos, no âmbito de cada estado e do DF, sempre que o valor anual por aluno no Fundeb (VAAF) não alcançar o mínimo definido nacionalmente. O conceito do VAAF reflete o valor resultante do quociente entre valor arrecadado e o número de matrículas nas respectivas redes de ensino.

Outros 10,5 pontos percentuais da participação da União serão destinados à cada rede pública de ensino municipal, estadual e distrital que não alcançarem um nível de investimento mínimo por aluno, considerando-se no cálculo desse valor mínimo não apenas os recursos do Fundeb (único critério até então existente), mas a disponibilidade total de recursos vinculados à educação na respectiva rede – "valor anual total por aluno" (VAAT). Nesta parcela deverá haver aplicação de 15% em investimentos na educação (despesas de capital) e 50% destinados para a educação infantil. O VAAT contempla o acréscimo de disponibilidades previstas no art. 13, §3º, da Lei nº 14.113/2020, como parcela da participação pela exploração de petróleo e gás natural vinculada à educação e transferências decorrentes dos programas de distribuição universal geridos pelo Ministério da Educação.

Ainda consoante disposição da emenda, os outros 2,5 pontos percentuais (totalizando os 23% da complementação da União) serão repartidos às "redes públicas que, cumpridas condicionalidades de melhoria de gestão previstas em lei, alcançarem evolução de indicadores a serem definidos, de atendimento e melhoria da aprendizagem com redução das desigualdades, nos termos do sistema nacional de avaliação da educação básica" (art. 212-A, inc. V, "c", CF).

Ademais, é necessário esclarecer o conceito de "valor mínimo definido nacionalmente" e o método definido na legislação atual para alcançar esse valor. Com efeito, a partir dos valores anuais totais por aluno e sua ordenação decrescente, o percentual de complementação da União vinculado ao VAAT deve ser completamente distribuído de forma a equalizar o máximo de redes possíveis tendo como parâmetro sempre a rede imediatamente superior, e o valor alcançado após essa redistribuição será, então, o valor mínimo definido nacionalmente, consoante explicitado na Lei nº 14.113/2020. Nesse sentido, Martins (2019, p. 374) assinala que "um CAQ federativo e o caminho para a convergência entre o CAQ e o Fundeb, o CAAQ e o VAAT e o CAQ e a federação cooperativa são os desafios imediatos para o debate do financiamento da educação básica de qualidade".

É possível verificar, portanto, que as concepções do grupo de estudo (GT MEC) referente a recursos adicionais e vinculação com os indicadores educacionais foram absorvidos pela nova sistemática que consagrou a perenização do Fundeb. Porém, mais uma vez, não se pode olvidar que, embora haja menção ao valor mínimo definido nacionalmente e sua metodologia de cálculo, o aumento significativo do investimento em educação, além da menção ao conceito de custo aluno-qualidade, a referida emenda constitucional indicou a necessidade remanescente de regulamentação do CAQ (art. 211, §7º, CF/88).

Os cálculos referenciados ainda seguem a lógica de financiamento baseado primariamente na definição de percentuais da arrecadação, com o aprimoramento trazido pelo aumento do valor para financiamento da educação e a redistribuição de recursos de modo a equalizar as diferentes redes de ensino, limitado ao valor de complementação da União, o que representa um avanço importante para redução das desigualdades regionais, mas não reflete necessariamente no alcance do padrão de qualidade do ensino, almejado por meio da sistemática do custo aluno-qualidade.

Cumpre salientar, em complementação, que a Campanha Nacional de Educação (2018, p. 80-82) estabeleceu procedimentos de modo a alcançar uma proposta de valores finais para o CAQi e CAQ:

a) discussão conceitual sobre qualidade educacional e sua materialização via insumos; os insumos foram divididos em: estrutura e funcionamento; trabalhadores da educação; gestão democrática e acesso e permanência;

b) configuração da unidade escolar que deveria contemplar os seguintes pontos: tamanho da unidade; número de alunos; número de turmas; número de alunos por turmas; número de profissionais da educação; jornada dos alunos – tempo na escola; equipamentos e materiais permanentes para cada etapa e modalidade;

c) atribuição de custos ou precificação que envolve a separação minuciosa de todos os bens necessários para o funcionamento da unidade escolar e a posterior pesquisa de preços;

d) organização de quadros de referência – a partir da precificação de cada item, são elaborados quadros que explicitam cada tipo de insumo, suas características e seu custo unitário;

e) montagem de planilha de cálculo por etapa/modalidade a partir dos quadros de referência mencionados no item anterior.

A título ilustrativo, apresenta-se a seguir o Quadro 1, que explicita o cálculo do custo aluno-qualidade inicial dos anos iniciais do ensino fundamental em tempo integral.

Quadro 1 – Cálculo do custo-aluno qualidade inicial anual dos anos iniciais do ensino fundamental em tempo integral (urbano), com número total de 125 alunos

Insumos	Quant.	Custo unitário	Custo total/ano	% do total
Custos no âmbito da escola				
Pessoal docente				
Professor com formação de nível médio (Normal)	1,0	3.192	42.549	3,1%
Professor com formação de nível superior	2,5	4.150	138.283	10,1%
Professor com formação de pós-graduação	1,5	4.788	95.735	7,0%
Professor de atendimento educacional especializado	1,0	4.150	55.313	4,0%
Professor especialista com formação de nível superior (Artes, Ed. Física)	1,3	4.150	72.781	5,3%
Subtotal (pessoal docente)	7		404.661	29,6%
Pessoal (outros)				
Direção	1	4.979	66.376	4,9%
Coordenação pedagógica	1	4.772	63.610	4,7%
Secretaria escolar (técnico de nível médio)	1	3.192	42.549	3,1%
Biblioteca (profissional de nível superior - Bibliotecário)	0	4.150	0	0,0%
Biblioteca (técnico de nível médio)	1	3.192	42.549	3,1%
Infraestrutura escolar (técnico de nível médio)	2	3.192	85.098	6,2%
Multimeios didáticos (técnico de nível médio)	1	3.192	42.549	3,1%
Subtotal (pessoal - outros)	7		342.730	25,1%
Bens e serviços				
Água / luz / telefone		72	9.000	0,7%
Material de limpeza		49	6.125	0,4%
Material didático		180	22.500	1,6%
Material de escritório		24	3.000	0,2%
Conservação predial		3,0	89.392	6,5%
Manutenção e reposição de equipamentos e material permanente		10	51.269	3,8%
Subtotal (bens e serviços)			181.286	13,3%
Apoio ao Projeto Político Pedagógico				
Projetos de ações pedagógicas		150	18.750	1,4%
Recuperação de aprendizagem (5% de pessoal docente + bens e serviços)			29.297	2,1%
Subtotal (apoio ao PPP)			48.047	3,5%
Alimentação				
Técnico de alimentação escolar (nível médio)	2	3.192	85.098	6,2%
Alimentos (R$/dia)	125	1,0	25.000	1,8%
Subtotal (alimentação)			110.098	8,1%
Custos na administração central				
Formação profissional	16	600	9.789	0,7%
Formação de conselheiros (10% de formação profissional)			979	0,1%
Encargos sociais (20% de pessoal)			166.498	12,2%
Administração e supervisão (7,5% do total)			102.494	7,5%
Subtotal (administração central)			279.760	20,5%
Total (Pessoal + Encargos) (% do total)				75,2%
Total MDE			1.256.484	
Total Geral			1.366.582	100,0%

Fonte: Campanha Nacional pelo Direito à Educação (2018, p. 130-131).

A Campanha também sintetizou em um quadro geral (Quadro 2) uma estimativa do custo aluno-qualidade inicial por etapa/modalidade e efetuou uma comparação do CAQi com outros referenciais, como o CAQi MDE (apenas considerados os insumos previstos pela legislação como passíveis de investimentos relativos à manutenção e desenvolvimento do ensino – arts. 70 e 71 da Lei de Diretrizes e Bases da Educação Nacional).

Quadro 2 – Síntese geral do CAQi

	Jornada semanal dos alunos (em horas)	Alunos/ turma (a)	CAQi (R$) - anual	CAQi MDE (R$) - anual	Fundeb 2018	CAQi Campanha-CNE 2018 (b)
Creche TP (urbana)	25	11,2	R$12.307,11	R$10.957,36	R$3.016,67	R$9.122,10
Creche TI (urbana)	50	11,2	R$23.579,62	R$21.280,12	R$3.921,67	R$11.858,73
Pré-escola TP (urbana)	25	20	R$9.607,02	R$8.875,16	R$3.016,67	R$4.591,46
Pré-escola TI (urbana)	35	20	R$14.457,21	R$13.193,50	R$3.921,67	R$5.968,89
Ensino fundamental - anos iniciais TP (urbano)	25	25	R$7.545,06	R$7.004,67	R$3.016,67	R$4.378,61
Ensino fundamental - anos iniciais TI (urbano)	35	25	R$10.932,65	R$10.051,87	R$3.921,67	R$5.692,19
Ensino fundamental - anos finais TP (urbano)	25	30	R$6.604,99	R$6.139,06	R$3.318,34	R$4.287,39
Ensino fundamental - anos finais TI (urbano)	35	30	R$10.609,11	R$9.877,25	R$3.921,67	R$5.692,19
Ensino médio TP (urbano)	25	35	R$5.454,74	R$5.001,48	R$3.770,84	R$4.409,02
Ensino médio TI (urbano)	35	35	R$8.293,19	R$7.586,66	R$3.921,67	R$5.692,19
Ensino técnico profissional de nível médio	40	25	R$12.342,52	R$11.433,37	R$3.921,67	R$5.692,19
Ensino fundamental - anos iniciais (campo)	25	16	R$15.089,80	R$14.157,94	R$3.469,17	R$7.236,87
Ensino fundamental - anos finais (campo)	25	20	R$10.879,12	R$10.147,26	R$3.620,01	R$5.534,07
Ensino médio (campo)	25	24	R$9.100,35	R$8.703,37	R$3.921,67	R$5.534,07
Creche + pré-escola (campo)	50/25	10/15	R$24.112,34	R$22.294,05		
Educação de jovens e adultos, ensino fundamental (urbano)	25	22	R$9.049,68	R$8.366,17	R$2.413,34	R$4.378,61
Educação especial inclusiva	25	N/A	R$19.167,47	R$19.167,47	R$7.240,02	R$9.632,94

TP: tempo parcial
TI: tempo integral

Fonte: Campanha Nacional pelo Direito à Educação (2018, p. 139).

Conclui-se, portanto, que o custo do CAQi MDE 2018 e o valor pago por aluno no Fundeb possuem variações de 1,32 a 5,42. Por exemplo, o valor que se pagava via Fundeb por criança de creche em áreas urbanas é praticamente 5 vezes inferior ao valor calculado pela Campanha como um investimento adequado e atualizado para garantir o padrão mínimo de qualidade de ensino previsto na legislação brasileira (CAMPANHA NACIONAL PELO DIREITO À EDUCAÇÃO, 2018, p. 141), considerando a sistemática vigente antes das mudanças legislativas promovidas por meio da EC nº 108/2020.

Registre-se também que existe uma plataforma denominada Simulador de Custo Aluno-Qualidade (SIMCAQ), acessível no endereço eletrônico https://simcaq.c3sl.ufpr.br/, em que é possível customizar os parâmetros definidos de acordo com a realidade socioeducacional de cada ente. Elaborado por pesquisadores da Universidade Federal do Paraná, e tendo como membro do conselho consultivo o Professor especialista no tema José Marcelino de Rezende Pinto, o simulador contempla fatores como carga horária, tamanho das turmas, nível de formação e remuneração de professores, adicional para professores das escolas rurais, materiais didáticos e ações pedagógicas nas escolas, funcionamento e manutenção da infraestrutura das escolas, equipamentos e mobiliários, despesas com a área administrativa da rede, encargos sociais, alimentação escolar. Os parâmetros definidos na plataforma foram construídos com base em leis, decretos, normativos e em pesquisas acadêmicas acerca do assunto (SIMCAQ, 2021).

Nesse contexto, cumpre destacar que o Sistema de Informações sobre Orçamentos Públicos em Educação (Siope) – ferramenta eletrônica cujo objetivo é coletar, processar, monitorar e divulgar dados referentes aos orçamentos dos entes governamentais direcionados à educação, pode ser mecanismo importante para o cálculo do custo aluno-qualidade.

Além disso, por meio do Siope, qualquer cidadão pode ter acesso às informações sobre receitas arrecadadas e despesas efetivadas com manutenção e desenvolvimento do ensino, o que representa relevante ferramenta de controle social, sendo ainda utilizado pelos tribunais de contas com intuito de conferir o cumprimento da aplicação do mínimo constitucional em educação pelos entes federativos.

Em conclusão, é possível afirmar que a estruturação do novo Fundeb trouxe um aumento na disponibilidade de recursos, no entanto, a definição e regulamentação da metodologia para implementação do CAQ representará indicador importante para ampliar o diálogo entre gestores públicos e a sociedade sobre o conceito de gastos com a educação, uma vez que possibilitará o acesso a informações concretas e comparativas e a indicação de onde e como aplicar os recursos, de modo a alcançar padrões mínimos de qualidade para o ensino público brasileiro.

4.3 A inversão da lógica de investimento da educação pública brasileira e as perspectivas para o avanço da qualidade do ensino

A proposta do custo aluno-qualidade determina a inversão da lógica de investimento referente ao financiamento da educação básica no país, uma vez que objetiva calcular os insumos necessários para atingir o padrão de qualidade previsto constitucionalmente, partindo das necessidades reais das escolas para estabelecer o valor que o Brasil precisa investir por aluno ao ano, em cada etapa e modalidade, e não mais partir do quociente entre o valor total vinculado à educação e o número de matrículas.

O mecanismo de financiamento público da educação reside no Fundeb, cujo montante se vincula ao volume de arrecadação das entidades federativas e à complementação da União, no exercício da sua competência supletiva e redistributiva. Como repisado anteriormente, a EC nº 108/2020 e a Lei nº 14.113/2020 trouxeram avanços significativos no sentido de aumentar o montante disponível para promoção da oferta do ensino público no Brasil. No entanto, embora haja a previsão de adoção do CAQ como parâmetro para alcançar o padrão de qualidade na educação, a princípio, a escolha legislativa para repartição de recursos recaiu sobre o conceito de "valor anual por aluno", que ainda privilegia a lógica de arrecadação/número de matrículas, sem considerar quais seriam os elementos fundantes para promover uma educação de qualidade.

Para Daniel Cara (2014, p. 87):

> Utilizar o CAQi para fortalecer o Fundeb, exigindo maior participação da União no financiamento da educação básica, não é o caminho definitivo para consagrar o direito à educação no Brasil, nem para resolver toda a regulamentação do SNE. Mas pode ser uma referência e um importante e pragmático primeiro passo no enfrentamento das desigualdades federativas brasileiras, melhorando em curto prazo a qualidade da oferta das mais de 40 milhões de matrículas públicas de educação básica que hoje existem no País.

Ainda neste contexto, Rubens de Camargo (2020, p. 101) leciona:

> Uma outra questão muito polêmica foi o debate entre os campos progressista e mais conservador sobre se o conceito de Custo Aluno

Qualidade (CAQ) deveria ser explicitamente apresentado (ou não) na emenda constitucional e como deveria ser sua regulamentação. Para o campo progressista, o conceito de CAQ estava claro desde anos anteriores às Conferências Nacionais de Educação (Conaes) e se consagrou em ações estabelecidas na Meta 20 do Plano Nacional de Educação (PNE). Ele representa a materialização de condições muito objetivas (número de alunos por classe, salário de trabalhadores da educação, materiais didáticos, condições de infraestrutura etc.) que são passíveis de serem aferidas de modo mais claro nas diferentes redes públicas de ensino e em cada uma de suas escolas, ao ser traduzido em um valor. Nesse sentido, a constitucionalização do CAQ representa a possibilidade de buscar melhores condições de qualidade em nossas escolas públicas, inclusive dando suporte legal para isso. De outro lado, existiam forças políticas que se posicionavam contra a constitucionalização do CAQ, alegando (aquilo que pareceria uma qualidade da proposta, sua forma concreta de aferição) que, se esta fosse feita, haveria uma "enxurrada" de processos judiciais, buscando dar "garantia" à realização do CAQ (assessores do Consed e o Todos pela Educação se manifestaram dessa forma). Mas a grande questão era a seguinte: se o valor do CAQ for perseguido de fato em cada ente federativo por suas administrações, com transparência e participação, por que temer a judicialização?

Diante deste cenário, o grande desafio para os anos seguintes é a implementação do custo aluno-qualidade e a concretização da perenidade do Fundeb e do acréscimo no montante efetivamente investido no ensino público.

Nesta obra, alinha-se ao pensamento que o recurso financeiro disponível não deve definir isoladamente o nível ou qualidade da educação recebida por cada aluno. É justamente o contrário, os fatores necessários para efetivar o direito subjetivo à educação de qualidade decidirão o quanto se deve investir no ensino.

Em corroboração à opinião esposada, cumpre destacar a lição de José Marcelino de Rezende Pinto (2021, p. 18-19):

> É fundamental a política de fundos sair da lógica do "recurso disponível" para aquela do "recurso necessário" para se garantir um padrão mínimo de qualidade de ensino, como estabelece a Constituição Federal em seu art. 211, §1º desde 1996. Somente quando os valores de cada etapa e modalidade do Fundeb tiverem como referência um custo real por aluno que garanta condições adequadas de qualidade do ensino (o CAQ), cabendo ao governo federal complementar os recursos para estados e municípios onde esse valor não for assegurado, os entes federados serão

estimulados à busca ativa de alunos nas diferentes etapas e modalidades, pois saberão que não pagarão a conta sozinhos.

O mecanismo de financiamento deve servir à concretização da política pública educacional: aprimoramento do processo de ensino-aprendizagem, valorização dos profissionais da educação, gestão democrática, infraestrutura adequada, material didático congruente com o projeto pedagógico definido, garantia de acesso e permanência escolar, além de oferta de alimentação e transporte para os alunos.

Não se pode fugir da complexidade do tema, das dificuldades e limitações que envolvem a definição concreta de metodologia que viabilize o custo aluno-qualidade. A proposta nasceu há mais de 20 anos, obteve previsão em legislação infraconstitucional (Plano Nacional de Educação 2014-2024), no ano de 2020, finalmente foi incorporado ao texto da Carta Magna, mas não parece haver um enfrentamento adequado da questão de modo a formalizá-la, por meio de regulamentação normativa.

Acerca do tema, Élida Graziane Pinto (2020) elucida que "a falta de regulamentação do custo aluno-qualidade impede o controle dos desvios, sobretudo pela falta de indicadores de gasto educacional". Ressalta ainda a autora:

> Na seara educacional, há evidente fraude interpretativa na omissão em regulamentar o custo-aluno qualidade inicial (CAQi) e o custo-aluno qualidade (CAQ), a que se referem as estratégias 7.21 e 20.6 a 20.8 da Lei 13.005/2014 (Plano Nacional de Educação), como já denunciado pelo TCU desde seu Acórdão 618/2014 e reiterado pelos Acórdãos 906/2015, 1897/2017, 717/2019 e 1656/2019. Igual omissão se sucede em relação à falta de regulamentação do Sistema Nacional de Educação (SNE).
> Importa destacar que todo o debate sobre a insuficiente complementação federal ao Fundeb tem como pano de fundo a pura e simples omissão da União em cumprir o artigo 206, VII e o artigo 214 da Constituição de 1988, bem como as citadas estratégias do PNE. A fraude fiscal em curso repercute na péssima qualidade da educação básica obrigatória ofertada às crianças e aos jovens brasileiros e, ao nosso sentir, merecia ser tratada na seara do dano moral coletivo, na forma do artigo 37, §6º da CF.

A promoção de educação básica de qualidade reflete necessariamente no aprimoramento dos índices de analfabetismo que atingem em sua maioria a população negra e pobre. Sabe-se que o

Brasil possui uma dívida social referente à qualidade da educação em função das questões históricas relacionadas ao problema e do contínuo subfinanciamento do ensino público, o que se traduz em um verdadeiro *apartheid* de oportunidades educacionais reverberado nos "diferentes Brasis". Para a população negra, a dívida histórica se refere não só a qualidade do ensino ofertado, mas também ao acesso que lhe foi negado por diversas vezes no passado.

Quanto à questão das desigualdades educacionais entre brancos e negros no Brasil, uma pesquisa publicada pelo Instituto Brasileiro de Geografia e Estatística (IBGE) destacou:

> A dívida histórica do país com a educação de seu povo é ainda maior com a população negra. Enquanto 3,9% da população branca com 15 anos ou mais é iletrada, o percentual sobe para 9,1% entre os negros. Entre os brasileiros analfabetos com mais de 60 anos, 10,3% são brancos. E 27,5% são negros. Entre outros dados negativos, 40% das pessoas com mais de 25 anos não chegaram a concluir essa etapa da educação básica; 30,7% dos alunos do ensino médio estavam defasados em relação idade/série ou fora da escola. E outros 46% não se qualificavam para o trabalho e muito menos trabalhavam. Embora tenha aumentado de 46,2% para 47,4% o índice de pessoas com 25 anos ou mais que tenham finalizado o ensino médio, essa variação não foi acompanhada de redução na desigualdade racial. Enquanto os brancos constituem 55,5% desse universo, os negros correspondem a 40,3%. (OLIVEIRA, 2017)

A luta pelo acesso à educação escolar formal continua sendo bandeira histórica da população negra, também posicionada nos estratos mais pobres e mais vulneráveis da sociedade, fruto da hierarquização histórica a partir da cor/raça que resulta em ciclos de desvantagens que impedem mudanças nas condições de vida das gerações futuras.

A esse respeito, Pinto (2020) enuncia, ainda, que "quem alega que a educação pública brasileira não precisa de mais recursos nega esse passivo escravocrata".

Nesse contexto, a principal pergunta que baseia o debate é "qual montante seria necessário para assegurar a educação de qualidade?".

Alguns estudiosos e pesquisadores defendem que o próprio conceito de qualidade é cinzento, com diversas nuances e pluralidade de sentidos. Afirmam, outrossim, que seria impossível vincular efetivamente os insumos necessários com a promoção de uma educação de qualidade. Há quem defenda, por outro lado, que, não obstante ser difícil definir um padrão ideal, seria possível conceber os elementos necessários para garantir a qualidade do ensino, baseando-se em estudos, referenciais e dados comparativos. Certo é que o legislador constituinte poderia ter optado por não incorporar o CAQ como referência para distribuição de recursos no ensino, mas a estratégia do CAQ foi absorvida constitucionalmente, o que representa importante indicativo de sua futura implementação.

Importa destacar o estudo técnico elaborado por Cláudio Tanno (2017b, p. 61), no qual existe a proposição de sistemática híbrida garantindo a vinculação entre o CAQ e o VAAT. Tanno definiu como parâmetro de distribuição o valor aluno-ano considerados todos os recursos vinculados à manutenção e desenvolvimento do ensino, e o mecanismo de complementação da União seria operado de acordo com o valor definido por meio da estratégia do CAQ, de modo a alcançar o VAA_CAQ (valor aluno-ano total_custo aluno-qualidade). A complementação federal deveria, portanto, integralizar os valores das redes de ensino que não alcançassem o montante definido no CAQ. No entanto, a configuração trazida pela Lei nº 14.113/2020 não abarcou essa ligação entre os dois parâmetros de distribuição.

Tanno (2017b, p. 64) indica ainda:

> A adoção do fator_CAQ dialoga, dentro do mecanismo do FUNDEB, com a necessidade de incluir outras variáveis, além do número de matrículas, na definição de um padrão mínimo de qualidade que seja compatível com a realidade existente em cada rede de ensino, o que está de acordo com a definição constante da estratégia 7.21 do PNE. O VAA_CAQ resultante da aplicação do fator_CAQ deve convergir para o custo por aluno ano necessário para cada rede de ensino atingir o estimado para que se obtenha o CAQi e, posteriormente, o CAQ. Assim, o FUNDEB atingiria as finalidades pretendidas com a implantação do Custo Aluno Qualidade pelo Plano Nacional de Educação.
> Estabelece a estratégia 7.2.1 do PNE que a União, em regime de colaboração com os entes federados subnacionais, deve estabelecer parâmetros mínimos de qualidade dos serviços da educação básica, a serem utilizados como referência para infraestrutura das escolas, recursos pedagógicos, entre outros insumos relevantes, bem como instrumento para adoção de medidas para a melhoria da qualidade do ensino.

A EC nº 108/2020 e a legislação regulamentadora do novo Fundeb repousaram os fatores de distribuição de recursos apenas sobre o conceito do valor aluno-ano, definindo como regras as disposições na Lei nº 14.113/2020:

> Art. 5º A complementação da União será equivalente a, no mínimo, 23% (vinte e três por cento) do total de recursos a que se refere o art. 3º desta Lei, nas seguintes modalidades:
> I – complementação –VAAF: 10 (dez) pontos percentuais no âmbito de cada Estado e do Distrito Federal, sempre que o valor anual por aluno (VAAF), nos termos da alínea a do inciso I do caput do art. 6º desta Lei não alcançar o mínimo definido nacionalmente;
> II – complementação –VAAT: no mínimo, 10,5 (dez inteiros e cinco décimos) pontos percentuais, em cada rede pública de ensino municipal, estadual ou distrital, sempre que o valor anual total por aluno (VAAT), nos termos da alínea a do inciso II do caput do art. 6º desta Lei não alcançar o mínimo definido nacionalmente;
> III – complementação –VAAR: 2,5 (dois inteiros e cinco décimos) pontos percentuais nas redes públicas que, cumpridas condicionalidades de melhoria de gestão, alcançarem evolução de indicadores a serem definidos, de atendimento e de melhoria da aprendizagem com redução das desigualdades, nos termos do sistema nacional de avaliação da educação básica, conforme disposto no art. 14 desta Lei.
> Parágrafo único. A complementação da União, nas modalidades especificadas, a ser distribuída em determinado exercício financeiro, será calculada considerando-se as receitas totais dos Fundos do mesmo exercício.
> Art. 6º Para os fins do disposto nesta Lei, considera-se, na forma do seu Anexo:
> I – valor anual por aluno (VAAF):
> a) decorrente da distribuição de recursos que compõem os Fundos, no âmbito de cada Estado e do Distrito Federal: a razão entre os recursos recebidos relativos às receitas definidas no art. 3º desta Lei e o número de alunos matriculados nas respectivas redes de ensino, nos termos do art. 8º desta Lei;
> b) decorrente da distribuição de recursos de que trata a complementação-VAAF: a razão entre os recursos recebidos relativos às receitas definidas no art. 3º e no inciso I do caput do art. 5º desta Lei e o número de alunos matriculados nas respectivas redes de ensino, nos termos do art. 8º desta Lei;
> II – valor anual total por aluno (VAAT):
> a) apurado após distribuição da complementação-VAAF e antes da distribuição da complementação-VAAT: a razão entre os recursos recebidos relativos às receitas definidas no art. 3º e no inciso I do caput do art. 5º desta Lei, acrescidas das disponibilidades previstas no §3º

do art. 13 desta Lei e o número de alunos matriculados nas respectivas redes de ensino, nos termos do art. 8º desta Lei;
b) decorrente da distribuição de recursos após complementação-VAAT: a razão entre os recursos recebidos relativos às receitas definidas no art. 3º e nos incisos I e II do caput do art. 5º desta Lei, acrescidas das disponibilidades previstas no §3º do art. 13 desta Lei e o número de alunos matriculados nas respectivas redes de ensino, nos termos do art. 8º desta Lei;
III – valor anual por aluno (VAAR) decorrente da complementação-VAAR: a razão entre os recursos recebidos relativos às receitas definidas no inciso III do caput do art. 5º desta Lei e o número de alunos matriculados nas respectivas redes de ensino, nos termos do art. 8º desta Lei.

Ainda no que concerne ao Novo Fundeb, o §3º do art. 212-A estabelece que será destinada à educação infantil a proporção de 50% dos recursos globais (VAAT). Também foi estabelecido que, em caso de falta de vagas na rede pública, o valor poderá ser repassado para instituições privadas sem fins lucrativos, conveniadas com o Poder Público.

Cumpre ressaltar, nesse ínterim, o ensinamento de José Afonso da Silva (2001, p. 316):

> As normas têm, ainda, o significado jurídico de elevar a educação à categoria de serviço público essencial que ao Poder Público impende possibilitar a todos. Daí a preferência constitucional pelo ensino público, pelo que a iniciativa privada, nesse campo, embora livre, é, no entanto, meramente secundária e condicionada (arts. 209 e 213).

Prossegue o autor:

> [...] Esses recursos, como qualquer outro recurso público, serão destinados à escola pública. Faculta-se, por exceção, dirigir recursos públicos a escolas comunitárias, confessionais ou filantrópicas, inclusive por meio de bolsas de estudos a quem demonstrar insuficiência de recursos, quando houver falta de vagas e cursos regulares na rede pública na localidade da residência do educando. (SILVA, 2001, p. 816)

Nesse sentido, convém também colacionar a percepção de Oliveira e Luz (2011, p. 2) sobre a temática:

> No Brasil, não é nova a relação que o Estado mantém com o setor privado no campo da educação, seja por meio da concessão de bolsas de estudos,

seja por benefícios fiscais e outras relações. Mas, para além dessas formas de relação, o padrão de intervenção emergente tem demonstrado uma configuração diferente. Sem anular os elementos do passado, via de regra essa participação foi ampliada por ações mais diretas das organizações do setor privado nas escolas públicas, por meio de projetos tanto financiados por empresas como por várias organizações e, ainda, por meio da participação do setor privado em programas de governos.

Marques, Pelicioni e Pereira (2007, p. 09) declaram ademais:

> [...] o setor privado – cada vez mais exigente em relação à qualificação da mão-de-obra e recentemente demandando também características como criatividade e bom relacionamento interpessoal – demonstra preocupação com os resultados que estão sendo obtidos na educação pública e se organiza para cooperar e reivindicar mudanças, como é o caso do Movimento Todos pela Educação, idealizado por grandes corporações. No terceiro setor, há iniciativas que buscam desde o desenvolvimento de ações em áreas específicas, como esporte, arte, meio ambiente e saúde, até as de mobilização da sociedade pela reivindicação de políticas públicas eficientes e participativas, como é o caso da organização Ação Educativa e da Campanha Nacional pelo Direito à Educação.

O repasse dos recursos subvinculados dos fundos públicos para entidades privadas é exceção e obedece a condições específicas estabelecidas constitucionalmente:

> Art. 213. Os recursos públicos serão destinados às escolas públicas, podendo ser dirigidos a escolas comunitárias, confessionais ou filantrópicas, definidas em lei, que:
> I – comprovem finalidade não-lucrativa e apliquem seus excedentes financeiros em educação;
> II – assegurem a destinação de seu patrimônio a outra escola comunitária, filantrópica ou confessional, ou ao Poder Público, no caso de encerramento de suas atividades.
> §1º Os recursos de que trata este artigo poderão ser destinados a bolsas de estudo para o ensino fundamental e médio, na forma da lei, para os que demonstrarem insuficiência de recursos, quando houver falta de vagas e cursos regulares da rede pública na localidade da residência do educando, ficando o Poder Público obrigado a investir prioritariamente na expansão de sua rede na localidade.
> §2º As atividades de pesquisa, de extensão e de estímulo e fomento à inovação realizadas por universidades e/ou por instituições de educação profissional e tecnológica poderão receber apoio financeiro do Poder Público.

Outra mudança estrutural relevante trazida pelo novo Fundeb se refere ao aumento do patamar mínimo de recursos vinculados destinados ao pagamento dos salários dos profissionais da educação (70%) e a expressa vedação de utilização dos recursos do Fundeb para pagamento de aposentadorias e pensões. Ressalte-se, por oportuno, que diversos estados incluíam no cômputo de cumprimento do mínimo constitucional com gastos educacionais o pagamento de inativos, embora já houvesse a indicação na Lei de Diretrizes e Bases da Educação que os recursos referentes à manutenção do desenvolvimento do ensino seriam destinados ao pagamento de servidores em efetivo exercício.

Nessa senda, cabe rememorar que a proposta do CAQ prevê que a valorização dos profissionais da educação é ferramenta elementar para alcançar o padrão de qualidade almejado. Condições de trabalho adequadas, remuneração digna, formação continuada, plano de carreira, concursos, jornada apropriada, todos esses elementos compõem a dimensão de valorização do profissional da educação de modo a garantir a qualidade do processo de ensino-aprendizagem.

Destaca-se ainda que o contexto pandêmico, vivenciado mundialmente em decorrência do vírus causador da Covid-19, impactou severamente o setor público educacional, que suportou diversas dificuldades para continuidade do ensino público, principalmente no que concerne à manutenção dos laços pedagógicos e de aprendizagem.

Sobre o ambiente de aprendizagem virtual em tempos de pandemia, Moreira, Henriques e Barros (2020, p. 352) enunciam:

> [...] a suspensão das atividades letivas presenciais, por todo o mundo, gerou a obrigatoriedade dos professores e estudantes migrarem para a realidade *online*, transferindo e transpondo metodologias e práticas pedagógicas típicas dos territórios físicos de aprendizagem, naquilo que tem sido designado por ensino remoto de emergência. E na realidade, essa foi uma fase importante de transição em que os professores se transformaram em *youtubers* gravando vídeoaulas e aprenderam a utilizar sistemas de videoconferência, como o *Skype, o Google Hangout ou o Zoom* e plataformas de aprendizagem, como *o Moodle, o Microsoft Teams ou o Google Classroom*. No entanto, na maioria dos casos, estas tecnologias foram e estão sendo utilizadas numa perspectiva meramente instrumental, reduzindo as metodologias e as práticas a um ensino

apenas transmissivo. É, pois, urgente e necessário transitar deste ensino remoto de emergência, importante numa primeira fase, para uma educação digital em rede de qualidade.
[...] Mas como proceder então para realizar esta transição? Como se deve desenhar um ambiente online de aprendizagem? Como devem ser organizadas e planificadas as aulas online? Como se deve comunicar de forma assíncrona e síncrona com o grupo que agora se transformou numa comunidade virtual? Como desenvolver práticas pedagógicas online na realidade digital, sem momentos de presencialidade física? Que tecnologias e plataformas podem ser utilizadas para enriquecer o ambiente de aprendizagem? Como devem ser criadas e desenvolvidas atividades online de aprendizagem? E como se deve avaliar os estudantes nestes cenários virtuais?

Sem dúvidas, a adaptação das atividades ao sistema de ensino remoto acarretou ainda outros problemas, uma vez que a maioria dos alunos não possuía acesso aos meios digitais e, além disso, a infraestrutura e a capacidade da rede das escolas eram insuficientes para atender à grande demanda.

Cumpre ressaltar que, nessa conjuntura de crise sanitária e, consequentemente, econômica, com redução da arrecadação, houve uma tentativa por parte do governo federal de desvincular a aplicação do mínimo constitucional para saúde e educação, sob o argumento orçamentário de conferir mais liberdade financeira para concessão de auxílios emergenciais.

A discussão conduzida de forma açodada e apressada não poderia ter bons resultados. Decisão governamental de tal monta deveria pressupor debates qualificados com todos os segmentos envolvidos de modo a encontrar uma solução que balizasse direitos fundamentais em meio a uma crise social sem precedentes. A efetivação dessa flexibilização representaria um grande retrocesso no mecanismo de financiamento da educação pública, o que felizmente não aconteceu.

Adicionalmente, cabe salientar a grande importância do aperfeiçoamento da gestão dos recursos no espectro da busca pela qualidade do ensino. A atuação estatal não se restringe à aplicação do recurso financeiro considerado isoladamente, mas perpassa a construção de caminhos que conduzam ao aprimoramento da qualidade da educação pública.

Nessa seara, o custo aluno-qualidade potencializa a boa gestão e o monitoramento eficiente da utilização dos recursos vinculados à educação, uma vez que indica quais os insumos necessários e como o gasto deve ser efetivado para promoção do padrão de qualidade do ensino. Por certo, o CAQ "colabora para que os gestores possam organizar os investimentos e também provisionar onde é mais necessário, além de facilitar a prestação de contas e, portanto, a transparência no uso do recurso público" (CAMPANHA NACIONAL PELO DIREITO À EDUCAÇÃO, 2020, p. 15).

O conhecimento sobre os parâmetros que circundam o custo aluno-qualidade, os desafios e limitações ainda remanescentes para sua efetiva implementação e as vantagens na adoção desta sistemática permitirão a ampliação do debate, com vistas a impulsionar a concretização dessa estratégia de distribuição de recursos.

CONCLUSÃO

A educação, direito fundamental assegurado constitucionalmente e vinculado à dignidade da pessoa humana, deve estar voltada ao desenvolvimento completo do indivíduo, em termos sociais, psicológicos, culturais, morais, de inserção no mercado de trabalho e ao exercício da cidadania e visar à evolução econômica e redução das desigualdades.

Desse modo, a oferta do ensino público dissociado de qualidade e efetividade não se coaduna com os preceitos constitucionais que erigem a educação como direito social fundamental. Além disso, a Carta Constitucional afirma expressamente que o acesso ao ensino obrigatório e gratuito é direito público subjetivo e o não oferecimento pelo Poder Público ou sua oferta irregular importa a responsabilidade da autoridade competente.

Nesse contexto, a presente obra, cujo foco foi delinear o processo de congruência entre o investimento público e a busca pela qualidade do ensino no Brasil, voltou-se a apresentar o conceito do custo aluno-qualidade como parâmetro para o financiamento da educação básica, de modo a garantir os insumos indispensáveis para viabilizar o adequado processo de ensino-aprendizagem no país.

A análise da trajetória do financiamento público da educação brasileira, desde o período colonial até os dias atuais, possibilitou traçar um panorama dos avanços e retrocessos que permeiam a gestão da política pública educacional, constatando-se como aspecto fundamental a sistemática de investimentos por meio da institucionalização dos fundos contábeis (o Fundef, vigente até 2006; e o Fundeb, vigente até os dias atuais).

Com efeito, os fundos representam mecanismos de financiamento educacional, por meio da subvinculação de recursos e com vistas à promoção da equidade no ensino. No entanto, a revisão bibliográfica realizada neste trabalho permitiu compreender que a repartição e a fiscalização dos recursos para a educação no Brasil são processos extremamente complexos, uma vez consideradas as disparidades geográficas, econômicas e culturais das diversas regiões do país, pretensamente abarcadas por um sistema de federalismo cooperativo, que precisa ainda amadurecer, mas que contém avanços importantes para o alcance da equalização de oportunidades educacionais.

Ainda, apresentaram-se as principais características do Fundef e do Fundeb e as recentes alterações no arranjo normativo constitucional referente ao financiamento do ensino público, consubstanciados na Emenda Constitucional nº 108/2020 e na Lei nº 14.133/2020.

Com prazo de vigência findo em 31.12.2020, os anseios da comunidade educacional conduziram a diversos debates, o que culminou com a perenização do Fundeb, tendo sido retirado do Ato de Disposições Transitórias e inserido no corpo do texto constitucional.

Não obstante o Fundeb ter avançado em relação à sistemática anterior, falhou no sentido de garantir uma educação pública de qualidade, além de ter sido omisso em relação ao parâmetro do custo aluno-qualidade. Vale dizer, ademais, que o mecanismo apresentou algumas distorções, em especial no que diz respeito à competência supletiva e redistributiva da União, que reiteradamente deixava de cumprir os percentuais definidos ou apresentava falhas alocativas.

Essas distorções conduziram à proposição de modelo híbrido para o Novo Fundeb, obedecendo-se a parâmetros que preservavam a complementação da União, limitada a 10%, no entanto, determina que os aportes acrescidos devem considerar todas as receitas vinculadas à educação e não apenas o percentual subvinculado que forma o Fundeb.

Adicionalmente, buscou-se apresentar o debate acerca da necessidade de aumento do investimento público na educação, associando-o às discussões sobre o conceito de qualidade educacional e, além de explicitar os principais desafios inseridos no Plano Nacional de Educação 2014-2024, ante o binômio investimento/qualidade, a partir de análises das diretrizes fundamentais da atual política educacional, sem perder de vista que o necessário investimento público na educação precisa estar abastecido por uma gestão eficaz dos recursos para alcance das metas estabelecidas no PNE.

Embora alguns autores defendam que não há essencialmente a necessidade de aumento de investimentos, e sim, melhor gestão dos recursos disponíveis, os dados apresentados nesta obra revelaram que, para o caso brasileiro, ainda remanesce a necessidade de ampliação dos recursos vinculados à política pública educacional, o que favoreceria a promoção da equidade, bem como a garantia dos insumos indispensáveis, notadamente relacionados à formação docente e aos processos de avaliação de aprendizagem, a infraestrutura dos estabelecimentos escolares, a valorização salarial dos profissionais da educação, a consolidação da gestão democrática, e ainda referente à oferta de material didático, transporte, alimentação e vestuário.

A par das informações insertas nos estudos técnicos analisados neste trabalho e do comportamento econômico ao longo dos últimos anos, é possível inferir que decisões político-econômicas do Governo federal e o desempenho econômico do país irão ditar, no contexto do Novo Regime Fiscal, a trajetória e o cumprimento das metas financeiras relacionadas ao Plano Nacional de Educação.

Destaca-se, nesse diapasão, que o Novo Fundeb reconheceu a ampliação do montante de recursos a serem investidos na educação pública básica, prevendo o aumento da complementação do Governo federal em 13 pontos percentuais, totalizando, até 2026, 23%.

Efetivamente, o adequado financiamento da educação é elemento fundamental para a organização e o funcionamento das políticas educacionais e, consequentemente, para materialização do Sistema Nacional de Educação. Não por outro motivo, é mandatório reconhecer o tamanho desafio de gerenciar, estruturar e fiscalizar as políticas prioritárias e a dinâmica do financiamento da União, estados, Distrito Federal e municípios, em regime de colaboração, consoante premissa constitucional.

Ressalta-se que, a despeito do cenário de indefinição acerca do conceito de qualidade e as dificuldades para mensurá-la, a legislação vigente assegura que a prestação estatal sobre o ensino público deve seguir padrões mínimos de qualidade.

Nessa senda, esta obra trouxe uma discussão sobre a concepção da inversão da lógica do financiamento educacional, até então vinculado a um valor mínimo resultante do quociente da redistribuição de recursos pelo número de matrículas, e partindo para o referencial custo aluno-qualidade, que estabelece parâmetros para calcular o valor necessário para promoção da qualidade do ensino.

O CAQi é um indicador que mostra qual valor deve ser investido ao ano por aluno de cada etapa e modalidade da educação básica. Com efeito, o CAQi se vincula ao padrão mínimo de qualidade e por isso consta como custo inicial. Por sua vez, o CAQ se refere ao patamar ideal que deve ser atingido em termos de financiamento para consecução de uma educação pública de qualidade.

Aparentemente, não existe consenso entre estudiosos e pesquisadores do tema. Alguns afirmam que seria impossível vincular efetivamente os insumos necessários com a promoção de uma educação de qualidade. Há quem defenda, por outro lado, que, não obstante ser difícil definir um padrão ideal, seria possível conceber os elementos necessários para garantir a qualidade do ensino, baseando-se em estudos, referenciais e dados comparativos.

Na prática, o que se percebe é que a associação de distribuição equitativa com montante necessário, consoante metodologia do CAQ, e a capacitação dos gestores é o caminho mais eficaz para avançar rumo à melhoria da qualidade da educação pública no país. Embora sobrem recursos em determinadas redes de ensino, nota-se que existem falhas na gestão e utilização dos recursos disponíveis.

Desse modo, acredita-se que a garantia de investimento satisfatório para a educação, a definição do custo aluno-qualidade, o controle social e a boa gestão e uso dos recursos públicos são alicerces para alcançar padrão de qualidade que concretize o direito à educação em sua completude.

O desafio que se delineia para o futuro gira em torno da estabilização do regime jurídico do Fundeb, do efetivo cumprimento da complementação da União na sistemática de distribuição de recursos, além da evolução e aprimoramento dos indicadores de qualidade educacional.

Ante todo o exposto, é possível afirmar que mecanismos como o Fundeb, o PNE e o CAQi/CAQ, desenvolvidos sob o amparo da Carta Magna, são instrumentos de políticas públicas que buscam direcionar o investimento público, provido de uma gestão eficaz dos recursos aplicados na educação, no sentido de contribuir significativamente para a redução das desigualdades educacionais que marcam a história brasileira, e oferecer um horizonte de melhoria da qualidade da educação pública do país.

Em conclusão, enfatiza-se que esta obra teve como compromisso trazer contribuições para o debate sobre investimento enquanto vetor da qualidade na educação pública brasileira, em especial no bojo do espaço acadêmico jurídico, de modo a envolver diversos atores da sociedade na discussão desta temática tão relevante.

REFERÊNCIAS

ARAÚJO, Luiz. Insuficiente, mas necessário. *In*: LIMA, Maria José Rocha; DIDONET, Vidal (Org.). *Fundeb*: Fundo de Manutenção e Desenvolvimento da Educação Básica e de Valorização dos Profissionais da Educação: avanços na universalização da educação básica. Brasília: Instituto Nacional de Estudos e Pesquisas Educacionais Anísio Teixeira, 2006. p. 105-116.

ARELARO, Lisete; GIL, Juca. Política de fundos na educação: duas posições. *In*: LIMA, Maria José Rocha; DIDONET, Vidal (Org.). *Fundeb*: Fundo de Manutenção e Desenvolvimento da Educação Básica e de Valorização dos Profissionais da Educação: avanços na universalização da educação básica. Brasília: Instituto Nacional de Estudos e Pesquisas Educacionais Anísio Teixeira, 2006. p. 71-88.

BONEMY, Helena. O Brasil de JK: Manifesto dos Pioneiros da Educação Nova. *Fundação Getúlio Vargas*, 2002. Disponível em: https://cpdoc.fgv.br/producao/dossies/JK/artigos/Educacao/ManifestoPioneiros. Acesso em: 6 ago. 2020.

BOTELHO, Fernando Neto. *As telecomunicações e o Fust*. Belo Horizonte: Del Rey, 2001.

BRASIL. Instituto Nacional de Estudos e Pesquisas Educacionais Anísio Teixeira (INEP). *Plano Nacional de Educação PNE 2014-2024*: linha de base. Brasília: MEC, 2015a.

BRASIL. MEC. Conselho Nacional de Educação (CNE). *Parecer CNE/CEB n. 7/2010*. Fixa Diretrizes Curriculares Nacionais para o Ensino Fundamental. Brasília: MEC/CNE, 14 dez. 2010. Disponível em: http://portal.mec.gov.br/dmdocuments/rceb007_10.pdf. Acesso em: 5 jul. 2020.

BRASIL. MEC. Conselho Nacional de Educação (CNE). *Parecer CNE/CEB n. 8/2010*. Estabelece normas para a aplicação do inciso IX do artigo 4º da Lei n. 9.394/96 (LDB), que trata dos padrões mínimos de qualidade de ensino para a Educação Básica pública. Brasília: MEC/CNE, 5 maio 2010. Disponível em: http://portal.mec.gov.br/index.php?option=com_docman&task=doc_download&gid=5368&Itemid=. Acesso em: 5 jul. 2020.

BRASIL. MEC. *Planejando a próxima década*: conhecendo as 20 metas do Plano Nacional de Educação. Brasília: MEC, 2014.

BRASIL. MEC. Secretaria de Educação Básica (SEB). *Coedi*. Parâmetros Nacionais de Qualidade para a Educação Infantil. Brasília: MEC, 2006.

BRASIL. MEC. Secretaria de Educação Básica (SEB). *Documento de Referência da Conferência Nacional de Educação*. Brasília: MEC, 2008.

BRASIL. Ministério da Educação. MEC institui comissão para implementação do CAQ. *PNE em Movimento*, 2016. Disponível em: http://pne.mec.gov.br/noticias/474-mec-institui-comissao-para-implementacao-do-caq. Acesso em: 15 maio 2021.

BRASIL. Ministério da Educação. *Relatório Final GT CAQ* – Portaria 459, de 12 de maio de 2015. Brasília: Ministério da Educação, 2015b. Disponível em: http://pne.mec.gov.br/images/pdf/publicacoes/RELATORIO_FINAL_GT_CAQ_out_15.pdf. Acesso em: 16 maio 2021.

BRASIL. Senado Federal. *Parecer da Comissão de Constituição, Justiça e Cidadania sobre a Proposta de Emenda à Constituição (PEC) nº 26, de 2020*. Brasília: Comissão de Constituição, Justiça e Cidadania, 2020.

BRASIL. Senado Federal. *Proposta de Emenda à Constituição nº 15-A, de 2015*. Insere parágrafo único no art. 193; inciso IX, no art. 206 e art. 212-A. Brasília: Senado Federal, 2015c. Disponível em: https://www.camara.leg.br/proposicoesWeb/fichadetramitacao?idProposicao=1198512. Acesso em: 18 mar. 2021.

CAMARGO, Rubens Barbosa de. Em defesa da escola pública, um balanço sobre o Fundeb – Avaliação, processos e perspectivas. *Revista USP*, n. 127, p. 87-104, 2020.

CAMPANHA NACIONAL PELO DIREITO À EDUCAÇÃO. *CAQi e o CAQ no PNE*: Quando custa a Educação Pública de Qualidade no Brasil? Campanha Nacional pelo Direito à Educação, 2018.

CAMPANHA NACIONAL PELO DIREITO À EDUCAÇÃO. *Por que 7% do PIB para a educação é pouco?* Cálculo dos investimentos adicionais necessários para o novo PNE garantir um padrão mínimo de qualidade. Ago. 2011. Disponível em: http://campanha.org.br/wpcontent/uploads/2016/02/NotaTecnica_10PIBEducacao_17agosto2011.pdf. Acesso em: 26 set. 2020.

CAMPANHA NACIONAL PELO DIREITO À EDUCAÇÃO. *Por que é imprescindível constitucionalizar o CAQ?* Ago. 2020. Disponível em: https://media.campanha.org.br/acervo/documentos/Fundeb2020_NotaTecnica_2020_08_12_CAQ-SenadoFederal_FINAL.pdf. Acesso em: 16 maio 2021.

CARA, Daniel *et al*. *CAQI e CAQ no PNE*: quanto custa a educação pública de qualidade no Brasil. São Paulo: Campanha Nacional pelo Direito à Educação, 2018.

CARA, Daniel. Contra a barbárie, o direito à educação. *In*: CÁSSIO, Fernando (Org.). *Educação contra a barbárie*. São Paulo: Boitempo, 2019.

CARA, Daniel. O custo aluno-qualidade inicial como proposta de justiça federativa no PNE: um primeiro passo rumo à educação pública de qualidade no Brasil. *Jornal de Políticas Educacionais*, n. 16, p. 75-97, jul./dez. 2014.

CARVALHO, Kildare Gonçalves. *Direito constitucional*: teoria do Estado e da Constituição/Direito constitucional positivo. 14. ed. rev., atual. e ampl. Belo Horizonte: Del Rey, 2008.

CHALITA, Gabriel. *Educação*: a solução está no afeto. São Paulo: Gente, 2001.

CONCEIÇÃO, Sergio Henrique da; FIALHO, Nadia Hage. Financiamento, oferta, gestão educacional e controle social no âmbito de um Conselho de Acompanhamento e Controle Social do Fundeb. *Revista de Educação Pública*, v. 23, n. 54, p. 783-806, 2014.

CONTI, José Maurício. *Federalismo fiscal e fundos de participação*. São Paulo: Juarez de Oliveira, 2001.

CONTI, José Maurício. O orçamento público e o financiamento da educação no Brasil. *In*: HORVARTH, Estevão; CONTI, José Maurício; SCAFF, Fernando Facury (Org.). *Direito financeiro, econômico e tributário*: homenagem a Regis Fernandes de Oliveira. São Paulo: Quartier Latin, 2014. p. 481-496.

CORBUCCI, Paulo Roberto *et al*. Vinte anos da Constituição Federal de 1988: avanços e desafios na educação brasileira. *Políticas Sociais – Acompanhamento e Análise*, v. 2, n. 17, p. 17-81, 2009.

CRUZ, Priscila; MONTEIRO, Luciano. *Anuário Brasileiro da Educação Básica 2020*. São Paulo: Moderna, 2019.

CURY, Carlos Roberto Jamil. Estado e políticas de financiamento em educação. *Educação & Sociedade*, v. 28, n. 100, p. 831-855, 2007.

CURY, Carlos Roberto Jamil. Por um Plano Nacional de Educação: nacional, federativo, democrático e efetivo. *Revista Brasileira de Política e Administração da Educação*, v. 25, n. 1, 2009.

D'ABADIA. Bruno Magalhães. Possíveis Impactos da Aprovação da PEC nº 241/2016. Estudo técnico. Câmara dos Deputados, ago. 2016. Disponível em: http://www2.camara.leg.br/documentos-e-pesquisa/publicacoes/estnottec/areas-daconle/tema10/10338_2016_possiveis-impactos-da-aprovacao-da-pec-241-2016_brunodabadia-1/at_download/arquivo. Acesso em: 10 set. 2020.

DAVIES, Nicholas. Fundeb: a redenção da educação básica? *Educação & Sociedade*, v. 27, n. 96, p. 753-774, 2006.

FARENZENA, Nalú. *Diretrizes da política de financiamento da educação básica*: continuidade e inflexões no ordenamento constitucional-legal (1987-1996). Porto Alegre: FACED – UFRGS, 2001.

FERNANDES, Francisco Chagas. Do Fundef ao Fundeb: mudanças e avanços. *In*: LIMA, Maria José Rocha; DIDONET, Vidal (Org.). *Fundeb*: Fundo de Manutenção e Desenvolvimento da Educação Básica e de Valorização dos Profissionais da Educação: avanços na universalização da educação básica. Brasília: Instituto Nacional de Estudos e Pesquisas Educacionais Anísio Teixeira, 2006. p. 145-152.

FINEDUCA. *Nota Técnica Fineduca e Campanha*: Atenção: É preciso proteger o financiamento da educação básica dos prejuízos da crise econômica. São Paulo, 2020. Disponível em: https://fineduca.org.br/wp-content/uploads/2020/05/20200507_Nota_queda_-receitas_final.pdf. Acesso em: 5 jun. 2022.

FREIRE, Paulo. *Educação como prática da liberdade*. Rio de Janeiro: Paz e Terra, 2014.

GEMAQUE, Rosana Maria Oliveira. *Financiamento da educação* – O Fundef no estado do Pará: feitos e fetiches. Tese (Doutorado em Educação) – Universidade de São Paulo, São Paulo, 2004.

GORCZEVSKI, Clovis; TAUCHEN, Gionara. Educação em direitos humanos: para uma cultura de paz. *Educação*, Porto Alegre, v. 31, n. 1, p. 66-74, jan./abr. 2008.

GOUVEIA, Andréa; SOUZA, Ângelo. A política de fundos em perspectiva histórica: mudanças de concepção da política na transição Fundef e Fundeb. *Em Aberto*, v. 28, n. 93, p. 45-66, 2015.

HANUSHEK, Eric A.; WOESSMANN, Ludger. *The knowledge Capital of Nations*: Education and the Economics of Growth. London: MIT Press, 2015.

HAYDT, Regina Célia Cazaux. *Curso de didática geral*. São Paulo: Ática, 2011.

HOLMES, Stephen; SUNSTEIN, Cass R. *O custo dos direitos*: por que a liberdade depende dos impostos. São Paulo: Martins Fontes, 2019.

LIMA, Bruna Mota de. *O investimento público em educação pública para o alcance das metas previstas no Plano Nacional de Educação (PNE) 2014-2024*. Dissertação (Mestrado) – Instituto de Pesquisa Econômica Aplicada, Brasília, 2018.

LIMA, Licínio C. Avaliação, competitividade e hiperburocracia. *In*: ALVES, Maria Palmira; DE KETELE, Jean-Marie (Org.). *Do currículo à avaliação, da avaliação ao currículo*. Porto: Porto Editora, 2011. p. 71-82.

LIMA, Maria Cristina Brito. *A educação como direito fundamental*. Rio de Janeiro: Lumen Juris, 2003.

LIMA, Maria José Rocha. Origem dos fundos para educação: breve histórico. *In*: LIMA, Maria José Rocha; DIDONET, Vidal (Org.). *Fundeb*: Fundo de Manutenção e Desenvolvimento da Educação Básica e de Valorização dos Profissionais da Educação: avanços na universalização da educação básica. Brasília: Instituto Nacional de Estudos e Pesquisas Educacionais Anísio Teixeira, 2006. p. 21-31.

MARQUES, Binho; NOGUEIRA, Flávia. Vincular financiamento com qualidade: um desafio ainda presente à educação brasileira. *Retratos da Escola*, v. 13, n. 26, p. 379-389, 2019.

MARQUES, Elias P; PELICIONI, Maria C. F.; PEREIRA, Isabel M. T. B. Educação pública: falta de prioridade do poder público ou desinteresse da sociedade? *Revista Brasileira de Crescimento e Desenvolvimento Humano*, São Paulo, v. 17, n. 3, p. 8-20, dez. 2007. Disponível em: http://pepsic.bvsalud.org/scielo.php?script=sci_arttext&pid=S0104-12822007000300003&lng=pt&nrm=iso. Acesso em: 7 abr. 2021.

MARTINS, Paulo de Sena. Federalismo, vinculação, Fundeb, VAAT e CAQ. *Retratos da Escola*, v. 13, n. 26, p. 361-377, 2019.

MARTINS, Paulo de Sena. Financiamento da educação básica: critérios, conceitos e diretrizes. *In*: LIMA, Maria José Rocha; DIDONET, Vidal (Org.). *Fundeb*: Fundo de Manutenção e Desenvolvimento da Educação Básica e de Valorização dos Profissionais da Educação: avanços na universalização da educação básica. Brasília: Instituto Nacional de Estudos e Pesquisas Educacionais Anísio Teixeira, 2006. p. 49-70.

MARTINS, Paulo de Sena. *O financiamento da educação básica por meio de fundos contábeis*: estratégia política para a equidade, a autonomia e o regime de colaboração entre os entes federados. Tese (Doutorado) – Universidade de Brasília, Brasília, 2009.

MEIRELLES, Hely Lopes. *Direito municipal brasileiro*. 13. ed. São Paulo: Malheiros, 2003.

MILESKI, Hélio Saul. *O controle da gestão pública*. Belo Horizonte: Fórum, 2011.

MORAES, Alexandre de. *Direito constitucional*. 10. ed. São Paulo: Atlas, 2001.

MOREIRA, J. António; HENRIQUES, Susana; BARROS, Daniela Melaré Vieira. Transitando de um ensino remoto emergencial para uma educação digital em rede, em tempos de pandemia. *Dialogia*, n. 34, p. 351-364, jan./abr. 2020.

MOTTA, Vânia. *Da ideologia do capital humano à ideologia do capital social*: as políticas de desenvolvimento do milênio e os novos mecanismos hegemônicos de educar para o conformismo. Rio de Janeiro: Universidade Federal do Rio de Janeiro, 2007.

NALINI, José Renato. *Educação*: uma questão de justiça. São Paulo: Sesi-SP Editora, 2019.

OECD. *Paris*: 2020. Disponível em: https://www.oecd.org/brazil/Education-at-a-glance-2020-Brazil-in-Portuguese.pdf. Acesso em: 30 set. 2020.

OLIVEIRA, Antonio Glauber Alves; LUZ, Liliene Xavier. Organizações do setor privado no contexto das políticas educacionais no Piauí. *In*: SIMPÓSIO BRASILEIRO DE POLÍTICA E ADMINISTRAÇÃO DA EDUCAÇÃO, XXV, 2011, São Paulo. *Cadernos Anpae*, São Paulo, 2011.

OLIVEIRA, Camila Torres. *Financiamento público da educação básica no Brasil* – Uma análise do Fundeb. 2015. Monografia (Bacharelado em Economia) – Departamento de Economia, Faculdade de Economia, Administração e Contabilidade, Universidade de Brasília, Brasília, 2015.

OLIVEIRA, Cida de. Pesquisa IBGE mostra que educação brasileira ainda não é para todos: 40% dos brasileiros com mais de 25 anos não tem ensino fundamental, 2/3 das crianças está fora da creche e analfabetismo, que persiste, é três vezes maior entre os negros. *Rede Brasil Atual*, 2017. Disponível em: https://www.redebrasilatual.com.br/cidadania/2019/06/pesquisa-ibge-mostra-que-educacao-brasileira-ainda-nao-e-para-todos/. Acesso em: 6 ago. 2020.

OLIVEIRA, Regis Fernandes de. *Curso de direito financeiro*. 7. ed. rev., atual. e ampl. São Paulo: Revista dos Tribunais, 2015.

ORGANIZAÇÃO PARA A COOPERAÇÃO E DESENVOLVIMENTO ECONÔMICO (OCDE). *"Brazil", in Education at a Glance 2020*: OECD Indicators, OECD Publishing, 2020.

PAIVA, Vanilda Pereira. *História da educação popular no Brasil*: educação popular e educação de adultos. São Paulo: Loyola, 2003.

PAIXÃO, G. A. M.; GUIMARÃES-IOSIF, R. M. A gestão democrática e o desafio de gerir juntos os recursos da escola. *IV Congresso Ibero-Americano de Política e Administração da Educação/VII Congresso Luso Brasileiro de Política e Administração da Educação*, Porto, 2014. Disponível em: http://www.anpae.org.br/IBERO_AMERICANO_IV/GT1/GT1_Comunicacao/GleiceAlineMirandadaPaixao_GT1_completo.pdf. Acesso em: 29 mar. 2021.

PINTO, Élida Graziane. Adiar e falsear para não pagar é risco recorrente para novo Fundeb. *Conjur*, 2020. Disponível em: https://www.conjur.com.br/2020-jul-28/contas-vista-adiar-falsear-nao-pagar-risco-recorrente-fundeb. Acesso em: 17 maio 2021.

PINTO, Élida Graziane. *Financiamento dos direitos à saúde e à educação*: uma perspectiva constitucional. Belo Horizonte: Fórum, 2017a.

PINTO, Élida Graziane. O controle do gasto mínimo em educação e do cumprimento das metas e estratégias do PNE pelo Ministério Público de Contas. *In*: ORGANIZAÇÃO TODOS PELA EDUCAÇÃO; EDITORA MODERNA (Org.). *Reflexões sobre justiça e educação*. São Paulo: Moderna, 2017b. p. 115-121.

PINTO, Élida Graziane; XIMENES, Salomão Barros; CARVALHO, André Roncaglia. A educação como investimento público: necessidade política, debate econômico e proposições institucionais. *Education Policy Analysis Archives*, v. 30, 2022. Disponível em: https://epaa.asu.edu/index.php/epaa/article/view/6777. Acesso em: 10 jun. 2022.

PINTO, José Marcelino de Rezende. As esperanças perdidas da educação de jovens e adultos com o Fundeb. *Fineduca – Revista de Financiamento da Educação*, v. 11, n. 14, p. 1-21, 2021.

PINTO, José Marcelino de Rezende. O financiamento da educação na Constituição Federal de 1988: 30 anos de mobilização social. *Educação & Sociedade*, v. 39, n. 145, p. 846-869, 2018.

PINTO, José Marcelino de Rezende. O Fundeb na perspectiva do custo aluno qualidade. *Em Aberto*, v. 28, n. 93, p. 101-117, 2015.

PINTO, José Marcelino de Rezende. *Os recursos para a educação no Brasil no contexto das finanças públicas*. Brasília: Plano, 2000.

PINTO, José Marcelino de Rezende. Uma proposta de custo-aluno-qualidade na educação básica. *RBPAE*, Porto Alegre, v. 22, n. 2, p. 197-227, jul./dez. 2006.

POMPEU, Gina Vidal Marcílio. *Direito à educação*: controle social e exigibilidade judicial. Fortaleza: ABC, 2005.

PRADO JÚNIOR, Caio. *História econômica do Brasil*. São Paulo: Brasiliense, 2006.

RANIERI, Nina Beatriz Stocco. *Educação superior, direito e Estado*: na Lei de Diretrizes e Bases (Lei 9394/96). São Paulo: Edusp, 2000.

RANIERI, Nina Beatriz Stocco; CRUZ, Priscila. Análise da incorporação do custo aluno qualidade ao novo Fundeb. *Todos pela Educação*, 2020. Disponível em: https://www.todospelaeducacao.org.br/_uploads/_posts/531.pdf?1364397146. Acesso em: 14 maio 2021.

SANTOS, A. L. F.; NASCIMENTO, J. S. Gestão democrática e os processos indutivos do Plano de Ações Articuladas (PAR): analisando os municípios de Ilha de Itamaracá e Itapissuma (PE). *IV Congresso Ibero-Americano de Política e Administração da Educação/VII Congresso Luso Brasileiro de Política e Administração da Educação*, Porto, 2014. Disponível em: http://www.anpae.org.br/IBERO_AMERICANO_IV/GT1/GT1_Comunicacao/AnaLuciaFelixdosSantos_GT1_integral.pdf. Acesso em: 19 mar. 2021.

SECRETARIA DO TESOURO NACIONAL (STN). *Demonstrativo das despesas com educação da União*. Brasília: Secretaria do Tesouro Nacional, 2018. Disponível em: http://www.tesouro.fazenda.gov.br/demonstrativos-fiscais. Acesso em: 20 set. 2020.

SILVA, José Afonso da. *Curso de direito constitucional positivo*. 19. ed. São Paulo: Malheiros, 2001.

SIMCAQ. Quanto custa uma educação pública de qualidade? *Simulador de custo aluno-qualidade*, 2021. Disponível em: https://simcaq.c3sl.ufpr.br/. Acesso em: 16 maio 2021.

SOUSA JÚNIOR, Luiz de. Considerações acerca do financiamento da educação no Brasil e da implementação do FUNDEF. *In*: SOUSA JÚNIOR, Luiz de; ALVES, Giovana C. J.; PEREIRA, Maria Aparecida N. *Gestão e financiamento da educação municipal*: dois estudos de caso sobre os resultados do Fundef. João Pessoa: Editora Universitária – UFPB, 2005.

TANNO, Claudio Riyudi. *EC nº 95/2016* – Teto de gastos públicos: questões essenciais para o desenvolvimento da educação. Câmara dos Deputados: Brasília, jan. 2017a. Estudo Técnico nº 01. Disponível em: https://www2.camara.leg.br/orcamento-da-uniao/estudos/2017/et01-2017-teto-de-gastos-publicos-questoes-essenciais-para-o-desenvolvimento-da-educacao. Acesso em: 12 set. 2020.

TANNO, Claudio Riyudi. *Novo regime fiscal constante da PEC nº 241/2016*: análise dos impactos no cumprimento das metas do Plano Nacional de Educação 2014-2024. Câmara dos Deputados: Brasília, out. 2016. Estudo Técnico nº 24. Disponível em: http://www2.camara.leg.br/orcamento-da-uniao/estudos/2016/et24-2016-novo-regime-fiscalconstante-da-pec-no-241-analise-dos-impactos-plano-nacional-de-educacao. Acesso em: 12 set. 2020.

TANNO, Claudio Riyudi. *Universalização, qualidade e equidade na alocação de recursos do fundo de manutenção e desenvolvimento da educação básica e de valorização dos profissionais da educação (FUNDEB)*: proposta de aprimoramento para a implantação do custo aluno qualidade (CAQ), 2017. Câmara dos Deputados: Brasília, 2017b. Estudo Técnico nº 24. Disponível em: https://www2.camara.leg.br/atividade-legislativa/comissoes/comissoes-temporarias/especiais/55a-legislatura/pec-015-15-torna-permanente-o-fundeb-educacao/documentos/outros-documentos/estudo-da-consultoria-de-orcamento-da-camara-dos-deputados. Acesso em: 4 abr. 2021.

TAWIL, S. *et al*. Au-delà du labyrinthe conceptuel: la notion de qualité en éducation. Recherche et Prospective en Education Unesco. *Contributions thématiques*, n. 2, p. 1-17, 2012.

TODOS PELA EDUCAÇÃO. Ensino a distância na educação básica frente à pandemia da Covid-19. *Nota Técnica*, 2020. Disponível em: https://www.todospelaeducacao.org.br/_uploads/_posts/425.pdf?1730332266=. Acesso em: 14 abr. 2021.

UNESCO. *EPT monitoring report 2005*: Education for all – The quality imperative. Paris: Unesco, 2005.

VIEIRA, Juçara Maria Dutra. *Piso salarial para os educadores brasileiros*: quem toma partido? Tese (Doutorado em Educação) – Universidade de Brasília, Brasília, 2012.

VIEIRA, Sofia; VIDAL, Eloisa. Política de financiamento da educação no Brasil: uma (re) construção histórica. *Em Aberto*, v. 28, n. 93, p. 17-42, 2015.

XAVIER, C. A. R.; CRIBARI, I. (Coord.). *Manifesto dos pioneiros da educação nova (1932) e dos educadores 1959*. Recife: Fundação Joaquim Nabuco; Editora Massangana, 2010.

XIMENES, Salomão Barros. *Padrão de qualidade do ensino*: desafios institucionais e bases para a construção de uma teoria jurídica. Tese (Doutorado) – Universidade de São Paulo, São Paulo, 2014.

Esta obra foi composta em fonte Palatino Linotype, corpo 10,5
e impressa em papel Offset 75g (miolo) e Supremo 250g (capa)
pela Gráfica Formato, em Belo Horizonte/MG.